규슈단편
九州短篇

츠츠지 가족
[ツツジ : 진달래]

여　　　　행
매　거　진
브　릭　스
Bricks

규슈단편, 츠츠지 가족

여행 매거진 브릭스 *Bricks*

초판 1쇄 펴낸날 2018년 8월 14일

지은이	윤민영, 벳코야 마리코, 박성민, 백지은, 류호분, 한수정, 이주호
사진	백지은, 벳코야 마리코, 한수정, 이주호, 윤민영, 박성민
그림	백지은, 윤민영
표지그림	백지은

발행인	이수진
편집인	신태진

발행처	브릭스
	서울시 성동구 서울숲 2길 32-14 갤러리아 포레 B112호
전화	02-465-4352
이메일	bricksmagazine@aller.co.kr
홈페이지	www.bricksmagazine.co.kr
페이스북	www.facebook.com/magazinebricks
인스타그램	www.instagram.com/bricksmagazine
브런치	brunch.co.kr/@magazinebricks

가격 12,000원

ISBN 979-11-962329-5-5 03910

「이 도서의 국립중앙도서관 출판예정도서목록(CIP)은 서지정보유통지원시스템 홈페이지(http://seoji.nl.go.kr)와 국가자료공동목록시스템(http://www.nl.go.kr/kolisnet)에서 이용하실 수 있습니다.(CIP제어번호: CIP2018022814)」

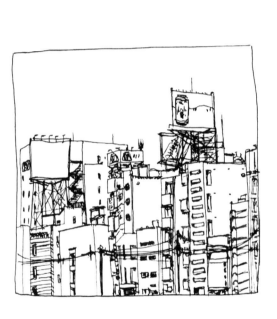

1. 본문에 나오는 일본어는 외래어 표기법을 따랐으나 이미 특정한 표현으로 굳어져 널리 쓰이거나 저자가 특별히 원하는 표기법이 있으면 그대로 표기하였습니다. (예 : 츠타야 서점, 츠츠지 등)

규슈단편

츠츠지 가족

단편들

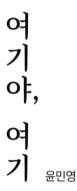

여기야, 여기 윤민영

"구멍에 빠지듯이 덜커덕 스가오에 도착하게 된

그 밤으로부터 3년이 되어 간다."

"여기야."

밤길을 달리던 스즈키 경차는 문득 생각났다는 듯이 좁은 입구로 쑤욱 들어갔다. 안개는 없지만 가로등의 불빛 또한 엉성한, 시골 길 중간의 예상치 못한 곳이었다. 구멍 속에 빠지는 것 같아 난 미처 아! 하는 소리도 내지 못했다. 차에서 내리자 동그란 고양이가 총, 총 튀어나왔고 고양이 뒤에 길고 커다란 집이 놓여 있었다. 저택이라고 하기엔 그저 한숨을 쉬며 누워 있는 늙은 집이었다. 어둠 속에서 잘 보이진 않지만 왠지 그 한숨이 느껴져 나지막이 중얼거렸다.

"에……."

이곳과의 첫 만남은 감탄의 '아~'라든가 납득의 '오~'가 아닌, 애매한 '에……'로 시작되었다.

스가오菅尾에 처음 온 것은 2015년 4월 초순경이다. 후쿠오카福岡 공항에 나의 젊은 애인이 차를 끌고 마중 나왔다, 라고 멋진 문장을 써 보지만 우린 빈털터리 무직이었다. 지금은 법적으로 남편이 된 G는 후쿠오카 언저리의 케이크 공장에서 아침부터 저녁까지 값싼 케이크를 포장하며 반년 정도 일했다. 출근하면 머리끝부터 발끝까지 흰 모자, 흰 마스크, 흰 장갑, 흰 유니폼 등으로 무장하고 두 눈만 드러냈다. 그렇게 원자력발전소 직원처럼 온몸을 싸매고 나면 동료들과 함께 "보시 요시! 후쿠 요시! 츠메 요시!(모자 오케이! 복장 오케이! 손톱 오케이!)" 하고 확인 구호를 외친 뒤 작업을 시작하였다. 주로 회전 초밥 체인점의 디저트며 놀이공원의 스위트로 납품되는 싸구려 냉동 케이크들이었다. G는 그렇게 번 돈으로 바다가 보이는 원룸의 월세를 내고 마크로비오틱이라 불리는 자연치

유식을 배우러 다녔다.

규슈九州 동북부 분고오노豊後大野라는 도시의 백 년도 더 된 집에서 살아보지 않겠느냐는 지인의 제안을 받았을 때, G는 망설였다 한다. 일을 시작한 지 얼마 되지 않았고, 마크로비오틱 학교에서도 멀어지며, 무엇보다 반짝이는 바닷가 생활을 포기하기 어려웠다. 원룸 뒤편이 바로 말도 안 되게 푸른 바다였다. 한글 포장의 플라스틱 쓰레기가 드문드문 밀려오기도 하지만 잘생긴 돌멩이며 조개껍데기가 햇빛과 별빛에 작은 몸을 뒤척이는 하얀 모래사장이 펼쳐졌다. 그는 주말에 바닷가에 나와 유목을 주워 의자를 만들거나 채소 몇 줌을 챙겨 석양을 보며 구워 먹거나 했다. 빨갛게 젖어 고요한 저녁 하늘과 그 아래 가지런한 채소의 여린 색은 인간의 마음을 얼마나 잔잔하게 살펴줄 것인가 나는 생각했다.

결국 G는 이사를 결심했다. 시골의 백년가옥에서 자연농을 시도해 볼 생각이었다. 다시 한 번 입으로 새겨 봐도 자꾸만 흩어질 것 같은 '분고오노'라는 이름의 지역에서였다. 위키 백과에서 분고오노시를 검색하면, "2005년

3월 31일, 오노군 5정 2촌(미에 정, 이누카이 정, 오가타 정, 아사지 정, 오노 정, 지토세 촌, 기요카와 촌)이 합병해 분고오노시가 성립하였다."라는 설명이 나온다. 그러니까 분고오노시는 주변의 이런저런 마을을 통합하여 새로 생긴 젊은 도시이다. 살기 시작한 지 2년 반 정도가 지난 지금, 괄호 안의 생소한 지명들은 서울의 연남동이나 망원동처럼 머릿속에 익숙하게 자리 잡았다. 물론 연남동이나 망원동, 그리고 '기요카와清川 촌', '오가타緒方 정' 등은 전혀 다른 공간이며 그 다름이 단지 물리적 차원뿐만 아니라 풍경이나 공기가 가지고 있는 시대성에서도 느껴지기 때문에 전혀 다른 세계라 말하고 싶다.

일본 시골의 정체된 시간은 나에게 나름의 세계로 느껴졌다.

우리가 사는 '스가오'라는 곳은 분고오노 시청이 있는 미에三重 정에서 기차로 한 정거장 떨어져 있는 마을이다. 미에는 시청이 있다지만 역전의 상점가는 오래전에 쇠락했고 규모 있는 슈퍼나 체인 식당들이 군데군데 시가지의 구색을 갖추고 있는 정도의 중심지이다. 스가오는 그

옆의, 혈관으로 치면 동맥도 정맥도 아닌 방향 모를 모세혈관 같은 모양새로 위치해 있다.

"석불"

유명한 게 뭐냐 물었을 때 G의 대답이었다. 그나마 '유명'한 것이 있고 그것이 '석불'이라는 말에 먼지가 뿌옇게 피어오르는 걸 느꼈고, 그게 나쁘지 않았다. 시대의 뒤안길에서 장작을 패거나 우물물을 길어 생활하는 청학동 같은 오래된 장소의 판타지가 나를 설레게 했다.

스가오에 도착해 얼마 지나지 않아 내 마음속의 먼지며 판타지는 맑게 걷혔다. 스가오는 분명히 시골이지만 조선 유학자들이 동경했던 청학동은 아니었다. 조선 시대보단 슬레이트 지붕으로 덮이기 전 1970년대 한국 농촌의 잘 정돈된 버전이랄까. 비죽비죽한 아파트며 난데없이 일괄적인 콘크리트 기차역이 풍경을 난도질하기 전, 자본과 정치세력의 손이 뻗치지 않은 아주 당연한 시골의 풍경을 무표정으로 품고 있는 곳이었다. 한두 량의 빨갛거나 노란 기차가 역무원이 없는 스가오의 간이역을 향해 논밭을 가로지르는 장면은 언제나 감동적이다. 기

차를 타고 어딘가로 향할 때, 그 작은 기차는 무성한 수풀이나 방치된 계곡 사이를 아무 감동 없이 지나치고 승객들 또한 감탄과 거리가 먼 시선으로 앉아 있다. 오래됨을 특권이 아닌 평범함으로 간직하고 있다는 점에서 이 순간, 세련됨을 느낀다. 그리하여 사람에게 안도와 편안함을 주는 디자인이 멋지다고 여기는 나에게 스가오는 충분히 '오샤레おしゃれ(영어로 하자면 fashionable, 한국어 직역은 '간

ⓒ차쿠리

스가오의 오샤레 기차.
텃밭을 일구다 기차 소리가 들리면 어김없이 허리를 펴고
이 풍경을 마주하여 평안을 얻었다.
가장 좋아하는 한 량짜리 기차는 노란색이다.

지 나는' 정도)'하다.

2015년 10월 혼인신고를 하고 우린 본격적으로 부부가 되었다. 미에의 시청에 가서 몇 장의 서류를 작성하고 서로의 인생에 스윽 끼어들었음을 공식적으로 증명하는 절차를 마쳤다. 시청에 가기 전에 G가 말했다.

"이제 이거 내면 '끝'이니까 후회하기 전에 아무하고라도 놀다 와."

'끝'인지 '시작'인지를 가르는 것이 이 얄팍한 종이 몇 장이라는 것과 스가오에 같이 놀 사람이 없다는 싱거운 사실에 쿨하게 말했다.

"됐어."

그날 밤, 결혼식이나 결혼반지 대신에 슈퍼에 가서 큼직한 새우 한 팩을 사다 파에야를 만들었다. '오샤레'한 느낌을 위해 사프란 가루를 아낌없이 넣었고 우린 아무 비장함도 곁들이지 않은 채 피망이 익은 정도를 왈가왈부하며 하루를 마무리했다.

결혼을 하고 달라진 것은 둘의 관계가 아니라 타인들이 인식하는 우리였다. '부부'라 하는 순간, G와 나 사이의 시간과 감정이 갖는 다채로움이 블랙 앤드 화이트로 찍 끝나는 느낌에 적어도 '부부……'로 말을 늘어트려야 할 것 같은 기분이 들었다. 그러나 '부부'는 '……'를 어쩌고저쩌고 설명하지 않아도 되는 강력하고 단순한 타이틀이었다. 사람들은 안정감을 강조하며 결혼을 예찬하기도 하지만 사적인 관계를 풀어내지 않아도 되는 해방감이야말로 결혼이 주는 이로움이라 생각한다. 그러나 솔직히 해방감을 위해라기보다 국적이 다른 커플이 한곳에서 함께 살기 위해선 선택의 여지가 없었다는 궁색한 이유가 쪼그리고 있었다.

'부부……'가 되고 나서 버터 쿠키를 구워 이웃에 인사를 하러 갔다. 일본의 시골에는 린포한隣保班이라는 자치 제도가 있다. 한국에도 신라 시대부터 인보제隣保制라 하여 일정 주민들을 한 묶음으로 두고 이들을 통솔하여 쉽게 통제하던 고대의 제도가 있었고, 이는 조선시대엔 5호를 통으로 묶어 통치하는 오가작통법으로 이어졌다. 처음 '린포한'이라는 개념에 관해 들었을 때, '석불'과는 좀 다른 느낌으로 먼지가 피어오르는 것을 느꼈다. 오래된 유물은 막연히 신화적인 환상을 주지만 조선이나 북한처럼 개인을 옥죄는 이 오밀조밀한 시스템은……, 뭔가 전근대적인 냄새가 났다. 그러나 알고 보니 린포한은 시골생활에서의 인간관계를 정리해 주는 지극히 일본다운 체계였다.

이곳에 오기 전 1년 정도 제주도에 살았다. 내가 생각하는 이상적인 외지인의 자세는 현지의 문화를 이해하고 지역주민들과 조화를 이루며 더 나아가 공동체를 건강하게 유지하고자 노력하는 것이었다. 하지만 그러기 위해선 적극적이든 소극적이든 노력을 해야 하는데 어떤 방법으로 어느 정도의 범위까지 힘을 써야 하는지 모호하다. 자칫하다간 마을 할머니들의 모임에서 도리를 아네 모르네 도마 위에 올라 온갖 소문에 버무려질 수 있다. 인간관계보다 조용하고 평화로운 개인적 생활을 좇아 시골에 들어온 사람에게 '이상적인 외지인의 자세'를 취하는 것은 만만치 않은 압박이다. 그렇다고 은둔형 외톨이로 이웃과 담을 쌓자는 것도 아니요, 조화로운 지역민이

되기 위해 기본적인 기여를 할 자세는 되어 있다, 는 나 같이 평범한 사람들에게 '린포한'은 오히려 보기 좋은 매뉴얼이 되어준다.

'린포한'은 부락의 형태에 따라 보통 10~30여 가구가 한 세트인 것으로 보인다. 일원으로 가입하는 것은 자유이나 가입하는 것이 당연하다는 분위기가 지배적이다. 일원이 되면 명단에 이름과 주소가 추가되고 매달 '쿠히區費'라 하는 공동기금을 낸다. 기금은 일원들의 경조사 회비, 한 해를 마무리짓는 3월의 총회 때 나누어 먹는 도시락값 등에 쓰인다. (가끔 린포한 여성회에서 찐득찐득한 바퀴벌레 약을 서비스로 주기도 한다.) 1년에 보통 2~3회 아침에 모여 마을 환경정리를 하고, 참가하지 않으면 벌금을 낸다. 이사를 오거나 갈 때 차茶나 세제 등을 인사차 돌리는데, 이 또한 가입된 린포한 일원들에 한해 하면 문제 될 게 없다. 즉, 이웃이 누구인가를 알고, 자신을 포함해 그들의 삶에 경조사가 생겼을 때 도움을 주고받을 수 있게 하는 작은 공동체 시스템이라 하겠다. '룰'을 정하고 그 안에서 인간다움을 잃지 않으면서도 관계의 선을 지키려 하는 차갑지도 뜨겁지도 않은 일본 특유의 미지근함을 느낄 수 있다. 이제 나는 이 미지근함이 전근대적인지 모던한지를 판단할 수 없게 되었지만 개인적으로 편안하다. 전통적인 마을의 형태는 무너진 지 오래고 각자의 삶은 걷잡을 수 없이 분산되었는데 아무 기준이나 약속 없이 개인을 공동체로 끌어들이는 것은 무리가 있다. 신라 시대의 인보제가 소규모 공동체 자치의 목적으로 부활한다면 귀촌하려는 외지인들에게 오히려 용기를 줄 수 있지 않을까 생각해 본다, 라고 잠시 주먹 쥔 문장들을 펼쳐놓았지만 사실 우리의 시골생활은 단조롭다. 난데없는 버터 쿠키를 들고 이웃을 찾아갔을 때의 반응은 싱거웠다. 간단한 자기소개의 끝에 "저, 그리고 전 한국인이에요……." 이런저런 사연을 늘어트리기 버거워 말줄임표를 붙였을 때, 사람들은 "아, 다이조부(무엇이 괜찮다는 건지 순간 당황했다. 그러나 그 쿨 함은 다정하게 느껴졌다)!", "아이고, 여기 살면 오이타 사투리만 배우게 돼서 어쩌.", "오, 안, 안뇨하세요? 데쓰까?" 등등으로 관심을 표해주었다. 그 관심은

쑤군쑤군한 시골 소문의 화제로 이어질 것 같지 않고 그저 심플했으며 적당히 따뜻하여 나를 안심시켰다. 그리하여 석불이 유명한 외국 시골에서의 '부부……'와 '린포한'이라는 '공동체 활동'은 아무 '활동'도 하지 않아도 될 것 같은 편안함으로 시작되었다.

아, 나의 이 느슨한 공동체에 빠뜨린 인물, 아니 동물이 있다. 첫 장면에서 총, 총 튀어나온 동그란 고양이, 루루이다. 우리가 처음 만났을 때, 루루는 동그란 눈으로 날 쪽, 바라본 후 민첩하게 그러나 동글동글 왔던 곳으로 다시 뛰어, 아니 튀어갔다. 소심하고 겁이 많으며 인간을 '닝겐人間 따위'로 보는 도도하고 예쁜 천상의 고양이다.

"어머, 얘는 귀가 편평하네(하며 G를 향해 손을 수평으로 펴서 귀 옆에 붙여보았다)?"

"응. 비싼 고양이거든. 스코티쉬 폴드."

넓디넓은 백년가옥을 거저 같은 가격으로 빌려주신 지인 부부가 갑자기 전근을 가게 되며 어쩔 수 없이 우리에게 맡기신 것이 이 동그란 루루였다. 루루의 가격을 들었을 때, 이 편평한 귀가 그만큼의 가치가 있다는 것이 놀

라웠다. 옆으로 내려앉은 귀는 동그란 얼굴과 동그란 눈을 더 동그랗게 받쳐주는 효과를 줄 뿐 아니라 확실한 족보를 보증하기도 했다.

　루루의 본명은 토토였다. 케이트, 레이, 토토, 스페이드 사 남매의 셋째로 태어났다. 아버지는 제키, 어머니는 캔디이며 루루처럼 눈의 색은 '골드', 털은 갈색과 검은색이 얼룩덜룩 섞인 '브라운 태비'이다. 족보, 즉 공인 혈통서에는 루루의 증조부모들까지 보여주고 있었는데 친가 쪽의 증조할아버지 이름이 'Bellmac You Know It'이었다. "Bellmac, 넌 알잖아"라고 멋대로 해석을 해보는데 그런 이름을 붙인 이들은 정말 스코틀랜드 사람들이 아닐지 싶다. 루루의 증조할아버지 'Bellmac'은 무엇을 알고 있었던 걸까. 그리고 그의 증손녀는 어쩌다가 일본 규슈의 모세혈관 같은 곳까지 흘러와 고양이의 족보에 문외한인 한국 여자와 연을 맺게 된 것일까. 우린 루루의 피에 흐르는 조상들의 사연에 경외를 담아 가끔 "루루 O'neil!" 혹은 "루루 O'conell!"이라 부르는 것으로 그녀의 뿌리를 서로에게 일깨우기로 했다. (나중에 알고 보니 그건 스코틀랜드가 아니라 아일랜드계 성姓을 붙인 것이었다!)

　루루는 '브라운 태비'보다 얼룩이로 불리는 게 걸맞은 시골소녀로 자라고 있다. 예쁜 게 소문났는지 하얀 고양이와 구름 같은 뭉실 고양이가 해코지하러 매일같이 찾아온 적이 있다. 루루는 그 지질한 동네 남자들이 아주 질색이다. 자기 구역인데도 사내들에게 쫓겨 지붕이건 나무 위건 정신없이 도망 다니며 스트레스가 이만저만이 아니었다. 다행히 요즘은 그 둘의 발길이 뜸해져 평화가 이어지고 있다. 그래도 모든 것이 만족스럽진 않은지 나가 놀다가 들어오고 싶으면 '이앙이앙' 칭얼대다가 문을 열어주면 "양!(내가 정말!)" 못마땅해 하며 쏙 들어온다. 이래저래 예민하고 성깔 있는 아가씨다.

　구멍에 빠지듯이 덜커덕 스가오에 도착하게 된 그 밤으로부터 3년이 되어 간다. 자연 농을 시작해 보마 일구고 실패하고 또 일구고 실패했던 텃밭은 일용할 식량보다 억센 잡초를 뿜어 내었다. 자급자족으로 부풀었던 꿈을 나는 일단 내려놓고 G와 같은 직장에 취직하여 각자

제과제빵과 요리를 하며 매일같이 녹초가 되어 퇴근했다. 늙은 집은 그런 우리를 언제나 길쭉하게 누워 기다렸고 같이 한숨 쉬어 주었다. 직장이 있는 오이타시 남부에서 분고오노시로 접어들면 공기와 하늘이 한 겹 투명해졌다. 어둑해진 시간, 집에 도착한 작은 자동차가 지친 두 사람을 마당에 부려놓으면 총총한 별빛들도 같이 내려앉았다. "직녀성이다!" 계절에 따른 별자리가 유난한 밤은 벌레들이 알리는 제철 울음소리가 더 가깝다. 우편함을 여닫아 보는 동안 루루는 동그란 머리를 다리에 비비며 양양거린다. 서둘러 열쇠를 돌려 텅 빈 시간을 안고 기다려준 보금자리에 들어선다.

"다다이마(다녀왔습니다)."

오래된 풍경일진대 언제 떠올려도 지루하지 않은, 마음속에 담아두고 싶은 순간이다.

지난 2월, 벳푸別府에 있는 대나무공예직업훈련학교에 응모했고 합격통지를 받았다. 벳푸는 분고오노시와 같은 오이타현 북부에 있는, 온천으로 유명한 관광도시이다.

이제 시골을 떠나 도시로 갈 준비를 해야 한다. 벳푸는 길고양이 천국이므로, 루루는 마을의 집주인분들 친척에게 가게 될 것 같다. 집을 떠나기 전 스가오 석불을 다시 한번 찾아가 볼 생각이다. 오샤레한 작은 기차에도, 편하고 느슨했던 이웃들에게도 작별인사를 해야겠다. 스가오를 떠올리면 앞으로도 마음속에서 먼지가 피어오를 것이다.

"여기야"라고 시작된 구멍 같은 공간은 어느새 편안한 도착점이 되었다. 애매한 "에……"로 시작되는 첫인상을 끝까지 간직하게 해 준 이 시골 마을이 오래오래 그 오래됨과 평안함을 잃지 않기를. 이사를 하고 나서도 한동안은 스가오의 꿈을 꾸며 "여기야, 여기." 잠꼬대를 할 것 같은 예감이 든다.

츠츠지* 가족

벳코야 마리코

"그때엔 몰랐다. 내가 얼마나 행복한

유년시절을 보냈는지."

"아아, 히라도에 돌아왔구나."

차선이 하나밖에 없는 길이 이어진 뒤 커브를 돌아 주황색 다리, 히라도 대교가 보일 때면 드는 생각이다.

　나가사키^{長崎}현 히라도^{平戸}시. 내가 태어나고 자란 곳이다. 원래는 규슈 서쪽 끝에 있는 외딴 섬이었지만 2005년에 주변 섬과 본토 일부가 병합되며 히라도시가 탄생했다. 인구는 3만 명 정도밖에 되지 않는다.

---

* ツツジ. 진달래

히라도는 1500년대부터 쇄국정책 이전까지 중국이나 네덜란드, 영국의 무역선이 드나들었고, 일본 최초의 외국인 선교사인 예수회 소속 프란시스코 자비에가 포교했던 땅으로도 유명하다. 자비에 기념 성당, 네덜란드 상관, 대략 열세 곳 정도 되는 곳곳의 성당들이 불교 사찰이나 신사 같은 일본 전통의 풍경과 어울려 있는 것도 이곳 특유의 경치다.

가장 가까운 공항은 나가사키 공항이지만, 나가사키 시내에서 히라도까지는 어떤 교통수단을 사용하더라도 3시간 정도 걸린다. 그 정도 이동 시간이라면 차라리 후쿠오카에서 가는 편이 낫다는 사람들이 많다. 후쿠오카는 규슈에서 가장 큰 대도시니까. 무엇보다 비행기 편수가 많아 지금 서울에 살고 있는 나도 거의 후쿠오카 공항을 이용하고 있다. 후쿠오카 공항에 내리면 버스 혹은 JR로 사세보佐世保까지 간 다음(약 2시간 반에서 3시간 소요), 사세보에서 다시 버스를 타고 히라도로 간다(약 1시간 반 소요). 갈아타는 시간이나 화장실에 들르는 시간을 포함하면 5시간 정도가 걸리는 셈이다. 서울 집에서 일본 본가에 갈 때엔 이동하는 데에만 거의 하루를 잡는다.

그래서 히라도에 갈 때엔 우리 네 남매 중에서 유일하게 본가에 살고 있는 남동생이 후쿠오카나 사세보까지 마중을 나와 준다. 남동생은 소위 말하는 U턴 족이다. 도쿄東京에서 일하던 남동생이 본가로 돌아가 편찮으신 부모님과 가업을 돌보겠다고 말했을 때, 미안한 마음과 고마운 마음, 그리고 그조차 쉽게 말로 해서는 안 될 것 같은 복잡한 기분이었다. 평생 마음속에서 사라질 리 없는 기분임이 분명하다. 본가를 향하는 긴 여정, 차선이 하나밖에 없는 길. 앞에서 천천히 달리고 있는 트럭이라도 만날 때면 동생이 웃으며 말한다.

"여기서는 체념하는 게 운전 기술이란 말이지."

성격이 그대로 나타나는 남동생의 섬세하고 조심스러운 운전 끝에 그리운 우리 집이 보인다. 왼쪽으로 올라가면 성당이 있고 오른편 내리막길엔 진달래가 핀, 내가 태어날 때나 지금이나 별로 변한 게 없는 우리 집이다.

히라도 내 시내버스는 한 시간에 몇 대 다니지 않는다.

관공서나 은행에 가면 기다리고 있는 사람은 없지만 가끔 일하는 사람도 없어 수십 분을 기다리기도 한다. 시가지라고 해도 차가 막히는 일은 없고, 다른 사람들과 어깨나 옷깃을 스치며 걸을 일도 없다. 시간이 무척이나 온화하고 천천히 흐르는 곳이다. 최근 편의점이 몇 개인가 들어서긴 했으나 내 기억에는 내가 고등학생이 되었을 무렵에나 처음으로 편의점이 생겼던 것 같다. 하지만 아직까지 맥도날드도, 영화관도 없다. 영화를 보려면 사세보까지 나가야 한다.

가족끼리 사세보로 외출하는 날에는 아침부터 들떠서 무얼 먹을지, 어디에 갈지, 무엇을 살지, 못 견디게 즐거워하며 계획을 짰다. 그렇다고는 해도 코스는 대체로 비슷했다. 아빠가 파칭코를 하는 동안 엄마를 따라다니며 쇼핑을 하고 언제나처럼 중국집에서 밥을 먹었다. 형제가 넷이나 되고 히라도 대교가 유료이던 시절이라 가족끼리 이동하는 일은 무척이나 드물었다. 그래서 더 소중한 날이었다.

돌아가는 길에는 공원에 들렀다. 다리 아래 작은 공원

이나 다리 건너 바로 있는 공원에 가서 뛰어다니며 노는 건 항상 손꼽아 기다리던 순간이었다. 사세보에 가지 않고 공원에만 가는 날에는 엄마가 만들어 준 주먹밥을 먹고 시원한 차를 마셨다. 그리고 마지막으로 슈퍼에 들러 식료품을 샀다. 자식들이 가지고 싶다고 하면 뭐든 사 주는 친구 부모님도 있었지만, '한 사람당 100엔까지'가 우리 남매에게 주어진 엄마의 룰이었다. 엄마가 가장 자주 하는 말씀이 "우리는 우리, 남들은 남"이었다. 주변 친구들이 장난감이나 문구를 새로 샀을 때도, 뭔가를 배우러 다니거나 학원에 다닐 때도, 우리는 우리, 남들은 남. 언니와 나는 각자 100엔씩 살 때도 있었지만, 때로는 둘이 합쳐서 200엔짜리를 사자는 멋진 아이디어를 내놓기도 했다. 장을 보고 돌아갈 때는 완전히 해가 진 뒤였다. 어두워진 귀갓길 차창 너머엔 커다란 달이 떠 있었다. 숨어도 도망쳐도 달이 따라왔다.

초등학교까지는 40분 정도 걸어가야 했다. 늦잠을 잔 날이면 언니는 뒤도 안 돌아보고 먼저 달려가 버렸다. 시골의 장점 중 하나는(장점이라고 해야 할지 어떨지 모르겠으나),

길을 가고 있으면 반드시라고 말해도 좋을 확률로 아는 사람을 만나게 된다는 점이다. 학교까지의 긴 여정, 차를 타고 가던 누군가가 태워 줄 가능성을 점치며 몇 번이나 뒤돌아보고는 했다.

내가 다니던 나카노中野 초등학교는 이제 폐교 위기에 놓였다. 우리 반은 남자 17명, 여자 12명, 총 29명(분교도 포함)이 한 반이었다. 매월 자리를 바꾸고 바꾸어도 어디를 보아도 같은 얼굴이었다. 중학교까지 9년 동안, 유치원 동문인 친구도 있었기 때문에 거의 10년 동안 함께 지냈던 친구들이다. 솔직히 서로 질려 버렸는지 고등학교에 들어간 이후로는 소원해졌지만, 지금도 본가에 가면 어떻게든 소식은 귀에 들어온다. 시골이란 그런 곳이다.

매일같이 말다툼을 했던 두 살 위의 언니는 지금은 수녀가 되어 나가사키현의 고토五島라는 낙도에서 간호사로 일하고 있다. 간호사로 일하면서도 돈은 받지 못한다. 언니는 매번 집에 갈 때 누군가가 주는 용돈을 모아 경비로 쓴다. 개인 생활 용품은 수도원에서 지원해 준다. 필요한 목록을 종이에 써서 제출하면 수도원에서 돈을 지급하고, 물건을 구매한 후 그 영수증과 거스름돈을 돌려주는 방식이다. 집에 갈 때도 교통비랑 식비는 나온다.

동생의 딸을 진심으로 귀여워해 주는 마음이 따뜻한 언니. 내 딸에게도 내 언니 같은 '멋진 언니'가 어디선가 날아와 주면 좋을 텐데. 어쩌다 한 번씩 만나면 언니는 꼭 작은 선물을 준비한다. 그것도 우리 가족 한 명 한 명에게 딱 어울리는 것으로. 청빈하다고 할 수밖에 없는 언니의 삶을 알기에 더 소중한 선물이다. 마지막으로 만났을 때 친척 중 누군가가 결혼한다는 얘기가 나왔다.

"또 즐거움이 생겼어. 어떤 선물을 줄까 생각하는 게 너무 기뻐!"

이럴 때 언니의 눈엔 반짝, 빛이 나는 것 같다.

언니가 있는 고토는 히라도와 달리 다리로 연결되어 있지 않기 때문에 배나 비행기로 가야 한다. 고토도 히라도에 지지 않는, 아니 오히려 히라도보다 더 아름답고 풍요로운 섬이다. 얼마 전 남편과 TV를 보고 있는데, 낚시 방송에서 고토와 히라도가 동시에 소개되어 무척 놀랐다.

왠지 뿌듯한 기분이었다.

어느 집이든 '수녀 언니'가 평범하진 않을 것이다. 그러나 우리 집에는 수녀 언니만 있는 게 아니라 이제 곧 신부가 될 동생도 있다. 수녀 언니가 첫째, 다음으로 한국인 남편과 결혼해 서울에 사는 내가 둘째, 본가에서 회사에 다니는 바로 아래의 남동생과 신학교에 다니는 막내.

히라도는 일본에서 가톨릭 성지로 여겨지는 곳이라 지역 특성상 가톨릭 신자가 많고, 우리 집도 양가 친척들 모두 신실한 가톨릭 신자다. 주말에 가족끼리 성당에 가는 게 당연한 일이었다.

그래서 우리 가족의 유일한 결혼 조건은 "결혼 상대자가 우리 가족의 종교를 존중해 주고 가능하면 결혼식은 성당에서 해줬으면 한다"는 것이었다. 고맙게도 남편은 날 만나면서 교리 수업과 세례를 받아 성당에서 결혼식을 할 수 있었다. 친할머니 '밋짱'이 남편을 예뻐하는 큰 이유다.

언니가 초등학교를 졸업한 뒤 수도원에 들어간다고 했을 때엔 그렇게 부러울 수가 없었다. 어린 내 눈에는 수

녀님이 너무 너무 예쁘고 신비로워 보였기 때문이다. 지금 생각하면, 만약 내가 수도원에 들어갔더라면 분명 도망쳐 나왔을 것 같다. 방학을 맞아 언니가 잠깐 집에 왔을 때 엄마가 "힘들면 언제든지 돌아오렴. 너의 집은 여기야."라고 말했다. 그 말을 전해들은 할머니께서 엄마를 혼내던 모습이 기억난다. 그땐 할머니가 왜 그러시는지 이해하기 어려웠지만, 지금은 할머니 마음을 조금 이해할 수 있을 것 같다.

막내 남동생이 신학교에 가게 된 건 신앙 때문만은 아니었다. 어릴 적 글짓기 대회에서 히라도시 대상을 받아 시 문화 센터에서 발표하게 되었는데, 그 애가 쓴 글의 제목이 <장래의 꿈>이었고, 그 장래의 꿈이 바로 신부였다. 수많은 사람 앞에서, 그것도 서로 너무나 잘 아는 사람들 앞에서 선언을 해버린 게 되었으니 뒤로 뺄 수 없게 되었던 거다. 이건 나중에 엄마가 들려 준 이야기다.

만약에, 만일에 언니나 남동생이 집에 돌아오고 싶다고 한다면 할머니한테는 죄송하지만 "언니(동생)가 하고 싶은 대로 해, 나는 언니(동생) 편이야."라고 말할 생각이다. 지금은 아파서 그런 말을 해주지 못하는 엄마를 대신해서.

규모는 작지만 히라도시에 있는 초중학교의 수는 많아서 매년 글짓기 대회 말고도 다양한 대회가 열렸다. 육상 대회, 역전 마라톤 대회, 미술이나 습자. 우리 반은 여학생이 12명이었기 때문에 대부분이 이런저런 대회에 선수로 출전해야 했다. 나는 초중학교 내내 배구부에 소속되어 있었지만, 여름에는 허들이나 릴레이, 농구, 겨울에는 역전 마라톤, 그렇게 1년 내내 운동을 했다. 그 덕분에 지금껏 건강하게 살 수 있게 된 거라면 유익한 경험이었다 해야겠지만.

학생 수가 적은 학교였기 때문에 아쉽게도 수영장이 없었다. 그 대신이라고 하기에는 뭣하지만, 여름이 되면 전교생이 센리가하마千里が浜로 갔다. 센리가하마는 히라도를 대표하는 해수욕장이다. 네시코根獅子나 히토쓰쿠ㅅ津久도 아름답지만, 역시 나에게는 히라도에 도착해 집으로 가는 길에 보이는 센리가하마가 고향의 바다다. 지금도 남편과

아이의 손을 잡고 그 바닷가를 산책하고, 맞은편에 있는 레스토랑에서 식사를 한다.

학교 근처에는 가와치토우게川内峠라는 초원이 있다. 요새는 하이킹이나 투어링 코스로도 인기 있는 관광지가 되었지만, 본래 노야키野焼き*로 유명한 곳이었다. 초중학교 시절 소풍이라고 하면 늘 그곳이었다. 가와치토우게까지 전교생이 걸어가, 여러 가지 레크리에이션을 했다. 물론 매번 같은 얼굴의 행진이기는 했지만 평소와는 다른 장소에서 논다는 건 역시 설레는 일이었다. 너른 초원 이곳저곳에 숨겨진 상품을 찾는 '보물찾기 게임'이나 한번 술래가 되면 끝도 없이 쫓아다녀야만 했던 '술래잡기', 땅에 선을 긋고 그 선을 넘어갈지 말지 제한 시간이 다 되도록 고민했던 'OX 퀴즈 게임', 마지막까지 요령을 터득하지 못하고 고전했던 '연날리기'. 지금 생각하면 그렇게 맑은 공기 속을 달리며 놀 수 있다는 것만으로도 정말 행복한 일이었다. 딸아이에게 마스크를 씌워주고 서울 거리를 걸을 땐 더욱 그런 생각을 하게 된다.

---

* 들판에 불을 질러 잡초를 태워 다음 해의 비료로 삼는 일

히라도에 있을 때에는 계절의 변화가 피부로 느껴졌다. 봄이 되면 집 밭둑에서 고사리를 따고, 뒷산에서 죽순을 캤다. 5월 첫 주는 일본 최대의 연휴, 골든 위크이지만, 우리 집에서는 모내기 준비 기간이었다. 여름이 되면 밭에서 토마토나 가지, 오이를 수확했다. 그 외에도 할아버지와 할머니는 넓은 밭 한가득 옥수수와 수박, 감자 등 정말로 다양한 채소를 길렀다. 우리 가족에겐 막 수확해 온 채소를 먹는 게 당연한 일이었다. 쌀도 가게에서 사는 게 아니었다. 가을이 되면 벼 베기와 탈곡, 고구마 캐기, 겨울이면 양배추와 무. 연말에는 가족끼리 떡을 만들었다. 해넘이 소바年越しそば*는 할머니가 직접 반죽을 해서 면을 뽑았다. 고타쓰에 둘러앉아 연하장을 쓰고, 아침이 되면 그 고타쓰에서 떡국을 먹었다.

할머니 할아버지는 우리 집 앞마당 맞은편 집에 살고 계셨다. 그래서 저녁은 항상 같이 먹었고, 집에서 티비

---

* 에도시대에 정착한 일본의 풍습. 소바는 다른 면류보다 쉽게 끊어지기 때문에 지난해의 재액을 단절한다는 의미가 있다. 섣달 그믐날, 해를 넘기기 전에 먹는다.

채널 전쟁이 벌어질 때나 초콜릿 같은 과자를 엄마 몰래 먹고 싶을 때는 3m 마당을 가로질러 할머니집으로 뛰어 들어 갔다. 아침에 늦잠을 자면 할아버지께 부탁해 학교 가는 길 중간까지 부모님 몰래 트럭으로 데려다 달라고 하기도 했다. 학교가 끝나면 명찰 뒤에 넣어둔 10엔으로 집에 가는 길 중간쯤 있는 공중전화에서 전화를 걸었다. 매일 같이 할아버지가 트럭을 타고 날아 와 주셨다.

할아버지는 무뚝뚝하고 목소리도 엄청 크지만, 그 작은 히라도 시내에서 아는 사람은 다 안다는 멋쟁이셨다. 그래서 장례식 때도 많은 손님이 오셔서 기도를 해 주셨다. 그때 한국인 남편은 익숙하지 않은 정좌를 하고 몇 시간씩 기도를 하느라 반 기절 상태였다. 미안하고 고마운 마음이 컸지만, 지금 생각해 보면 그 모습에 웃음이 나오기도 한다.

할머니는 통칭 '밋짱'이라 불렸다. 밋짱은 정말 사랑스럽다. 젊은 나이에 할머니가 되어서 억울하다고 우리에게 '할머니' 대신 '밋짱'이라 부르라고 하셨다. 가끔은 밋짱 머리카락을 염색하고 용돈을 받았다. 심심할 때는 둘이 오셀로 게임을 하기도 했다. 또, 일을 하는 엄마를 대신해 나와 밋짱이 저녁 준비를 했다. 매일 매일 요리를 배우면서 학교에서 있었던 얘기를 하며 웃고 떠들었다. 밋짱의 말장난은 종종 너무 어려웠고 이해하기까지 시간이 걸렸다. 그럴 때마다 밋짱이 말했다. "아직도 몰라?" 그런 훈련 덕분인지 난 "유머러스하다"라는 말을 가끔 듣는다. 남편도 "여자랑, 그것도 외국인이랑 대화를 하면서 웃기다고 생각한 건 처음이었다."고 했다.

밋짱이 만든 요리는 전부 달고 짜다. 그중에도 밋짱의 우메보시梅干し*는 엄청나게 짜고 시다. 상상만 해도 침이 저절로 나오니, 이것이야말로 조건 반사다. 임신 후 입덧을 할 때도 밋짱의 우메보시가 먹고 싶어 동생에게 보내달라고 부탁하기도 했다. 지금도 아끼고 아껴서 먹고 있다. 그건 돈으로 살 수 없는 가족의 맛이다.

밋짱은 여든이 넘었다. 일반적으로 할머니라고 불릴 나이다. 그래도 여전히 농사를 짓고 운전을 하고 매일 아

---

* 매실 장아찌

빠와 남동생의 저녁을 준비해 주고 나한테 움직이는 이모티콘을 써서 메일을 보낸다. 나에게는 할머니가 아니라 영원한 '밋짱'이다.

가족 누군가의 생일이 되면 반드시 모두 모여 저녁을 먹었다. 스키야키나 백숙 등 전골 요리가 나오고 마지막에 생일 케이크를 먹었다. 크리스마스가 다가오면 트리를 준비했고, 크리스마스 날 아침 눈을 뜨면 머리맡에 선물이 놓여 있었다. 선물을 여는 순간들이 한 장면씩 떠오른다. 바로 어제 있던 일처럼.

그때엔 몰랐다. 내가 얼마나 행복한 유년시절을 보냈는지. 정원에서 뛰놀다가 자전거를 타고 언덕을 달려 올라가 몇 번이고 활강을 했다. 하이디를 꿈꾸며 여물 위에서 뒹굴기도 했다. 밤이면 밋짱과 회중전등을 들고 산책을 했고, 정원 끝에 앉아서 별이 쏟아질 것 같은 하늘을 바라보았다. 과거의 추억은 미화된다는 걸 알고 있지만, 그래도 역시 히라도는 아름다운 고향이다.

아이를 넷이나 기른 엄마와 아빠의 위대함을 안 것은

아이를 낳은 뒤였다. 뭐랄까, 뼈저리게 알게 되었다고 하는 게 맞을 것이다. 아이를 낳고 기르는 일은 행복의 연속이기도 하지만 인내의 연속이기도 했다.

엄마는 스물한 살에 언니를 낳았다. 아빠는 스무 살이었다. 나는 아직도 봉제 공장에서 일하던 엄마가 점심시간에 스쿠터를 타고 친구 집에 맡겼던 나와 남동생을 보러 오던 모습을 기억한다. 남동생에게 젖을 주기 위해서였다. 그 봉제 공장에서 엄마는 가끔 완성 직전의 양복들을 가져왔다. 그 양복에 붙은 실을 작은 가위로 잘라내는 게 우리의 놀이였다. 한 벌에 그리 많은 돈은 아니었겠지만, 나와 언니는 그저 누가 얼마나 빨리, 많이 할 수 있는지 내기하는 것이 즐거웠다.

엄마는 나에게 항상 결혼은 늦게 하라고 했다. 그런데 막상 어른이 되고 나니 시도 때도 없이 "언제 결혼 할 거야?" 하고 물었다. 나는 서른이 넘어 결혼했고 엄마가 막내를 낳았던 서른셋에 첫째 딸을 낳았다. 엄마는 사십 대에 조기 치매에 걸려 지금은 요양 시설에 계신다. 엄마에게 물어보고 싶은 것도 많고 얘기하고 싶은 것도 많다.

지금이면 엄마와 더 가깝게 지낼 수 있을 것 같은데 그게 너무 아쉽고 미안하고 가슴이 아프다. 후회 없이 하고 싶은 것을 다 하고 살아왔다 자부했지만, 후회하고 또 후회를 한다.

그래도 엄마가 지금보다 건강했을 때 남편을 소개할 수 있어 다행이었다. 결혼을 준비하면서 엄마와 언니, 그리고 남편과 함께 히라도성 아래를 산책한 적이 있다. 그때 남편이 엄마 손을 잡고 걸었다. 처음엔 쑥스러워하던 엄마였지만 끝까지 그 손을 놓지 않았다. 나중에 상황이 더 안 좋아졌을 때도 엄마는 남편을 보며 웃어주었다. 마치 당신을 기억한다는 듯이.

엄마가 아프고 나서 아빠랑 통화할 일이 많아졌다. 나는 어릴 때부터 아빠가 어려웠다. 날 별로 안 좋아하는 것 같고 성격도 잘 안 맞는 것 같고, 가능하면 부딪치고 싶지 않았다. 무서웠다.

그런 아빠가 시골에 큰 병원이 없어 수술이 늦어지는 바람에 녹내장으로 한쪽 시력을 잃었고, 그 때문에 퇴직까지 하게 되었다. 약해지는 모습에 마음이 무거웠다. 지금은 기운을 차려 새로운 취미로 라쿠고落語*를 들으러 여기저기 공연장에 다닌다는 소식을 듣고 마음이 한결 놓였다. 손녀를 보려고 핸드폰 화면에 들어갈 정도로 얼굴을 가까이 댄 채 영상통화를 하는 아빠가 이제는 반갑기만 하다. 때로는 좀 더 일찍 아기를 낳았더라면 좋았겠다는 생각을 한다. 그래도 "모든 건 순서가 있고 타이밍이 있는 거야." 하고 남편은 말한다.

남편과 나도 타이밍이였다. 서울에서 일한 지 6년쯤 지났을 때 갑자기 건강이 안 좋아졌다. 일을 쉬어야 할 것 같은데 비자 때문에 그럴 수도 없는 상황이었다. 그때, 남편을 만났다. 남편은 곧장 혼인신고를 하여 내 취업비자를 가족비자로 바꿔주었다. 남편은 내가 치료를 받을 때마다 항상 병원에 같이 다녀주었고, 엄마가 아프다고 길게 일본에 가고 싶다고 했을 때도, 아빠가 수술 후 회복할 때까지 집에 가도 되느냐고 물었을 때도 선뜻 응해주었다. 말도 제대로 안 통해 손짓 몸짓으로 우리 가족과

---

* 만담

얘기하는 남편, 남편이 웃으면서 안을 때마다 매번 당황
하면서도 기뻐하는 우리 가족. 모두를 볼 때마다 결혼하
길 잘했다는 생각이 든다.

아이가 커 가면서 내가 자라난 히라도의 집과 자연을
자주 생각한다. 내가 누린 환경과 내가 아이에게 선사한
환경을 비교하고, 이것이 옳은 길인가 회의하기도 한다.
아이를 낳고 기르는 일 자체가 사람을 고향과 이어지게
하는지도 모르겠다. 그러면 내 고향이 히라도여서, 자라
난 환경이 시골이라서, 내 가족이 내 가족이어서, 내 엄
마가 다른 누구도 아닌 내 엄마여서 정말로 다행이라는
생각이 든다. 턱없이 적은 100엔에 엄마는 모든 세상을
담아 주었다. 내가 아이에게 전해주는 세상도 얼마간 거
기서 덜어낸 것들이다.

행복한 기억은 산처럼 많은데 왜인지 눈물이 나올 것
같은 이유는, 돌아갈 수 없는 시간이라는 사실을 너무나
잘 알고 있기 때문이다. 돌아갈 수 없음을 알지 못했기에
순수하게 즐길 수 있던 시간들. 우리 가족과 고향이 영원

히 함께할 것만 같았던 순간들.

2005년 3월 서울에 왔다. 그리고 처음 찾아간 경복궁에서 진달래를 보았다. 자전거를 타고 활강하던 내리막 길에 피었던 진달래, 히라도 시화市花도 진달래다. 초봄이면 고향의 빛과 향기가 되살아난다. 그렇게 고향은 내게로 이어지고, 나는 또 어디론가 이어져 가겠지.

지금과 그때의 후쿠오카

박성민

"함께 떠난 여행이니 어떤 문제든

같이 나눠서 같은 무게로 돌아올 수 있다면

나쁘지 않다는 것."

지금

기억이 정확하다면 후쿠오카를 다시 찾은 건 7년 만이다. 여행지를 선택하는 중요한 기준이 비용인 탓도 있지만, 처음 해외로 나가는 친구에게는 가까운 후쿠오카가 안성 맞춤이라고 생각했다. 후쿠오카는 내게도 첫 여행지였고, 그때의 기억을 이정표 삼아 능숙하게 다닐 수 있으리라는 계산도 있었다. 또한 지금의 상황이 지난 그때의 상황과 꽤 많이 닮아 있어서, 잠시 그때로 돌아가는 기분도 들었다. 착륙을 위해 기체가 땅에 가까워질수록 창문을 뚫어져라 쳐다보는 J의 옆모습에 처음 밟는 이국의 흥분으로 가득했던 나를 투영했다. 다만 시작부터 예상치 못한 비가 창문을 두드리고 있었다.

간단한 입국심사를 마치고 수화물로 부친 자전거를 찾았다. 낯설지 않은 후쿠오카 공항 한구석에서 짐을 꾸리고 가방이 젖지 않게 전용 덮개를 씌웠다. 그렇지만 우비를 따로 준비하지 않아서 비를 맞으며 어둑해진 거리를 달려야 했다. 일단은 허기를 채우기로 했다. 비는 처음보다 거세졌지만 이동하기엔 무리가 없었다. 거리는 이전의 기억과는 다른 모습으로 다가왔다. 어둡고 낯선 길을 헤매다가 도착한 하카타博多역은, 분주한 사람들과 불분명한 소리의 어울림으로 친숙함을 만들어내고 있었다. J는 어떤지 모르겠지만 그제야 다시 찾은 후쿠오카를 실감할 수 있었다.

그리고 그때는

습한 날씨, 울창한 가로수에 숨어서 지저귀는 새들, 도
로를 내달리는 다양한 소형차, 흰 와이셔츠를 입은 직장
인 무리, 번화한 거리에서 유유하게 자전거를 타는 사람
들. 평화로운 모습이었다. 처음 일본으로 떠난 여행이어
서 들뜨기도 했지만 자전거를 타러 온 나에겐 그야말로
이상적인 도시였다. 게다가 직장 동료인 K가 옆에 있어
서 든든했다. K는 오랫동안 일본에서 생활했고 나이도
같아서 편하게 의지할 수 있는 상대였다. 나는 일본 여
행이 처음이고, K는 자전거 여행이 처음이니 서로 부족
한 부분을 채우면 꽤 즐거운 여행이 될 거라고 생각했다.

여행 막바지에 서로의 감정이 상한 것은 누구의 탓이
라고 말하기 어려웠다. 내가 K에게 맞추었으면 괜찮았을
것이다. 물론 K도 마찬가지였을 것이고. 다만 나는 불편
한 감정을 숨겼고 그는 표면으로 드러냈을 뿐이다. K는
서울로 돌아와 지난 여행에서 미안했다고 마음을 드러냈
지만, 내가 가졌던 불만은 끝내 말하지 않았다.

지금

하카타역 주변에 자전거를 묶어두고 역 안에 있는 식당가를 찾았다. 일부 음식점은 벌써 문을 닫았지만 주변의 직장인들이 찾는 선술집은 사람들로 활기찼다. J와 나는 선술집이 익숙하지 않았고, 비를 맞고 조금 지친 상태였다. 그러다가 발견한 라멘 가게에는 편히 앉을 수 있는 의자가 있었다. 한눈에 라멘이라는 것을 알아볼 수 있는 큼지막한 현수막은 J와 내가 일본어를 모르는 까막눈이어도 문제가 없다고 반겼다. 입구에 놓인 자판기로 계산을 마치고, 긴 테이블에 나란히 앉아 라멘을 기다리며 앞으로 어떻게 할 것인지 생각했다. 맥주가 나왔고, 답을 내리기 전에 빠르게 비워졌다. 그리고 다시 추가로 시킨 맥주가 라멘과 함께 바닥을 보일 때 J는 숙소를 잡자고 말했다.

　3박 4일의 일정은 단순했다. 최대한 비용을 아끼면서 도시 외곽의 풍경을 자전거로 충분히 돌아보는 것이었다. 그렇지만 저녁에 도착하고 아침에 떠나는 여정이라 온전하게 자전거를 탈 수 있는 날은 단 이틀이었다. J를 위해서 시내 구경을 뺄 수 없으니 실제로는 하루가 남는다. 애초의 목적과는 멀어진다. 그래서 생각한 것이 야간 주행이었다. 목적지는 구마모토. 밤새 달리면 아침에 도착할 수 있을 것이다. 오전에 구마모토 시내를 구경하고 오후에 버스로 돌아오면 된다. 목적을 충족하면서 비용과 시간을 아낄 수 있는 나름의 완벽한 계획이었다. 하지만 비가 올 줄은 몰랐다. 당장 비가 그치지 않는다면 일찌감치 쉬고 좀 더 가까운 행선지를 찾아보는 것이 합리적이었다. 물론 이런 결론은 J와 내가 더 이상 무모하지 않은 나이가 된 탓인지도 몰랐다.

그러나 그때는

K와 틀어진 마음은 자전거와 자전거 바퀴의 간격으로 미루어 짐작할 수 있었다. 그 간격은 따라가는 나만 볼 수 있었고, 앞서가는 K는 알 수 없었다. 유후인由布院이라는 최종 목적지가 있었지만, 첫날은 떠날 채비만 하는 편이 좋을 거라고 판단해 정처 없이 시내를 돌아다녔다. 비행기 표만 끊었을 뿐, 옷가지와 텐트 한 동, 비가 올 것을 대비한 우비가 전부였다. 지도를 얻었지만 후쿠오카 시내만 자세하게 나와 있을 뿐이었다. K와 나는 거리의 골목과 골목을 실로 꿰듯이 다녔다. 자전거 여행이 익숙한 내가 앞서 다니다가 시간이 지날수록 일본에 밝은 K가 자연스레 앞장서게 됐다. 그러면서 문제의 간격이 우리 틈에 놓였다. 거리를 유지하며 잘 따라가더라도 바로 앞에서 신호가 바뀌면 꼼짝할 수가 없었다. 보통은 따라오는 사람을 생각하며 간격을 살피지만, K는 뒤를 보지 않았다. 황망히 멀어지는 K의 뒷모습에서 조바심이 났다. 말이 통하지 않는 일본에 혼자 남겨지는 두려움이 컸는지

도 모르겠다. 기다려주겠지, 허둥지둥 쫓아가지만 좀처럼 시야에 들어오지 않는 K가 야속했다. 티를 내지 않고 열심히 따라갔지만 결국 큰 사거리에서 망연자실했다. K는 보이지 않았고, 어느 방향으로 갔는지도 알 수 없었다. 유추해 볼 수는 있었다. 사거리에서 망설이지 않았다는 것은 진행 방향으로 이동했다는 이야기였다. 그렇지만 섣불리 움직일 수 없었다. 아닐 수도 있다는 불안한 마음, 여기서 엇갈리면 서로 연락할 방법도 없었다. 지금 따라가지 않으면 K와는 점점 멀어질 것만 같은데, 신호가 다시 한번 바뀌어도 건너지 못했다. 나는 K의 마음을 알 수 없었다.

지금

자정이 넘었지만 J와 나는 털이 축 처진 들개처럼 밤거리를 헤맸다. 비는 그치지 않았고, 어디든 비를 피해 쉬어야 했다. 일단은 사람들의 눈을 피해 몸을 누일 수 있는 공원을 찾아보았다. 그러다가 발견한 곳은 공원 안 지하 계단이었다. 중간에 철제 셔터로 막혀서 어디로 통하는지 알 수 없었으나, 적당히 어둡고 캐노피가 있어서 비를 피하기 좋았다. J는 천으로 덧대어진 접이식 비치 의자에 앉고, 나는 자전거를 포장했던 에어캡을 바닥에 깔고 누웠다. 비를 오랫동안 맞아서 피곤한 상태라 빠르게 눈이 감겼다. 아득한 빗소리에 조금 전의 황망한 일들이 아주 멀게 느껴졌다.

J가 호기롭게 휴대폰을 꺼내 들고 예약한 숙소는 값이 저렴한 데다 멀지 않았다. 게다가 실내도 정갈한 느낌이었다. 늦은 저녁이라 일부 고급 호텔에만 방이 남은 상황이었는데 다행히 괜찮은 숙소를 구한 것이다. 안식처가 생겼다는 사실이 마음을 든든하게 했다. 비를 맞아도 상

쾌한 기분이었다. 이슥한 주택가를 돌고 돌아서 숙소와 가까워질수록 따뜻한 물에 샤워를 하고 근처 편의점에서 맥주를 사다 시원하게 목을 축일 생각이 간절해졌다.

J와 나는 숙소를 앞에 두고서 들어가지 못했다. 아파트 형태의 건물이었는데 예약을 받아줄 공간도, 사람도 없었다. 레지던시 호텔은 처음이었고, 키를 받을 수 있는 접견 장소가 따로 있다는 것을 몰랐다. 이 맨션에 먼저 들어와서 쉬고 있던 부산 아가씨들과 방금 도착한 두 명의 베트남 아가씨들, 거기에 소리를 듣고 나온 대만 아가씨까지 합류해 문제를 해결하기 위해 머리를 맞댔지만 방법을 찾지 못했다. 어쩌지 못하는 상황에서 나는 털퍼덕 주저앉아 이 신기한 사태를 관망할 뿐이었고, J는 어떤 책임감이 발현했는지 메일을 보내고 입구에 남겨진 전화번호로 관계자에게 수없이 연락을 시도했다. 소용없는 일이었다. 한국을 비롯한 다국적 여인들이 모두 떠나고 우리 둘만 남았다. 관계자가 이미 퇴근하고 없다는 사실을 알고 있지만 일단 접견 장소에 가보기로 했다. 작은 실마리라도 얻을 수 있을지 모른다는 약간의 희망, 하

지만 그보다는 당장 갈 곳을 잃었다는 사실에 당황하고 기운이 빠진 채로.

밖을 나서자 조금씩 말라가던 등이 다시 무겁게 젖어 들었다. 그리고 결국 우리가 오게 된 곳은 여기, 공원의 지하 계단이었다.

그리고 그때는

밤이 깊어진 오호리大濠 공원의 벤치에서라면 K와 마음을 트고 이야기를 나눌 수 있었을지도 모른다. 일본의 김밥 천국쯤 된다고 하는 요시노야에서 감격스러운 첫 식사를 마치고, 근처 편의점에서 맥주를 사 들고 오호리 공원으로 향했다. 부드러운 호숫가의 바람과 청명하게 뜬 별이 주위를 감쌌다.

K와 친해진 별다른 계기는 없었다. 특별히 친하다고 말하기도 어려웠다. 책과 문학이라는 공통의 관심사가 있었지만 그게 전부였고, 그 외에는 서로에 관해 아무것도 아는 바가 없었다. 그럼에도 누구보다 가깝게 느껴진 것은, 그 관심사가 K와 나를 이루는 대부분이기도 했기 때문이다. 그러니 다른 이야기를 할 필요도 없었다. 우리는 벤치 위에서 침묵을 지켰다. 조용히 맥주 넘어가는 소리만 들렸다.

별이 뜬 하늘을 지붕 삼아도 좋을 여름밤이었지만 끈 덕진 모기 때문에 벤치에서 잠을 자기는 포기했다. 좀 더 어두워지기를 기다렸다가 공원 주변에 사람이 잘 다니지 않을 만한 장소를 찾아서 텐트를 쳤다. 한 사람이 잘 수 있는 협소한 공간이지만 일단 누울 곳이 생기니 나름 안락했다. K는 코를 골며 바로 깊은 잠에 빠졌고, 나는 어디선가 들려오는 발전기의 터빈 소리와 착각이 만들어낸 발소리에 쉽게 잠들 수 없었다. 날이 밝기를, 어서 이 도심을 벗어나 목적지로 향할 수 있기를 바랐다.

지금

무아지경으로 잠에 빠져있는데 누군가 내 어깨를 흔들었다. J였다. 의자를 접어서 가방에 주섬주섬 담고 있는 J를 어리둥절하게 쳐다보는데, 그를 향해 비추는 한 줄기의 빛이 점점 또렷해졌다. 빛을 따라서 계단을 더듬어 입구를 바라보니, 아직 어두워서 명확한 형체는 보이지 않으나 공원의 관리자가 서 있음을 직감적으로 알 수 있었다. 쭈뼛한 느낌에 눈이 번쩍 뜨였다. 관리자는 아무 말도 하지 않았고, 그저 우리가 짐을 다 정리할 때까지 빛을 거두지 않았다. 그것은 어디서도 느껴보지 못한 두렵고 불쾌한 감정이었다. 그저 빨리 자리를 벗어나고 싶은 마음이었는데 J는 의외로 느긋했다. 마땅히 갈 곳이 없으니 어떻게든 시간을 벌어서 그냥 있는 게 좋을 것 같다는 이유였다. J의 말이 옳았지만 마냥 꾸물거릴 수는 없었다. 한 시간가량 찬 바닥에서 쪽잠을 잤더니 따끈한 커피 한 잔으로 몸을 덥히고 싶었다. 가까운 텐진天神역 근처에 24시간 맥도날드가 있었다. 두 시간 정도면 날이 밝을 테니 그곳에서 시간을 보내는 게 좋을 것 같았다. 다행히 비는 그쳤다.

커피를 두 잔 시켜 맥도날드 2층으로 올라왔다. 넓은 자리엔 일본인 아저씨 한 분이 신문을 보고 있었다. 구석진 자리의 테이블에 앉아서 커피를 홀짝이며 몸을 깨우는데, J는 커피를 홀쩍 비우고는 잠에 빠졌다. 고꾸라진 J의 모습이 지난 내 모습을 떠올리게 했다. 자기 자신을 한계에 몰아넣고 까무룩 잠이 드는 것은 내 삶과 맞닿은 여행의 단면이었다. 바꾸려고 해도 바뀌지 않는 기질 탓에 또 이렇게 시간을 보내는 것이다. 예약이 불발로 끝났을 때 J는 피곤함을 감추지 못했다. 조금이라도 능동적인 일정을 생각했다면 편한 방법을 찾아볼 수도 있었다. 그렇지만 이미 정한 가용의 범위를 벗어나는 일은 나도 모르게 외면하고 만다. 어쩔 수 없는 일로 치부하고 그저 버티는 것이다. 지금도 그때와 다름없이 내가 쓸 수 있는 것은 시간이 전부인 것일까. 떨어질 듯한 J의 안경을 내 앞의 테이블로 옮겨 놓고 날이 밝기를 기다렸다.

그리고 그때는

오전에 여유를 부린 탓에 출발이 늦었다. 서둘러 유후인으로 떠나고 싶었으나 K를 재촉하고 싶지도 않았다. K를 기다리는 동안 오호리 공원에서 조깅하는 사람들, 근처 성터에 개를 데려와 산책하는 아저씨, 성곽 주변을 굼뜨게 기어가는 자라 한 마리를 만났다. 고양이가 지키는 생활야구장에서 도시락을 까먹고 다시 한숨 눈을 붙이고서야 계획했던 자전거 여행이 시작되었다. 그러나 시내를 벗어나기도 전에 그럴 줄 알았다는 듯이 빗방울이 떨어졌다. 자동차 고가도로 밑을 한참 따라가다가 발견한 맥도날드에서 비가 그치기를 기다렸다. K는 가방에서 살짝 젖은 책을 꺼내 읽었다.

비가 그칠 것 같지 않았다. 짐받이에 가방을 단단히 묶어두라고 K에게 말했다. 마땅한 지도가 없으니 도로 표지판의 지명을 참고하여 방향을 가늠했다. 길을 몇 번이나 잃었다. 모든 길을 의심하며 달렸다. 비는 점점 더 거세졌고, 눈앞에 떨어져 시야를 흐리는 빗물처럼 반복되는 막연함에 초조해졌다. 그 와중에 K는 간격을 벌리며 나와 멀어졌다. 어떻게든 생각의 실마리를 찾아보려고 애쓰는데 K가 다 헤집어 버린 기분이었다. 될 대로 되라는 심정으로 K를 쫓았다. 한참 뒤에 멈춰선 K를 만날 수 있었다. 짐받이에 묶어 두었던 가방이 바닥에 떨어져 나뒹굴고 있었다. 가방을 엉성하게 묶은 탓에 짐받이 줄이 뒷바퀴에 엉켜 움직이지 못하는 상황이었다. 혹시라도 달리지 못할까 봐 걱정이 되었지만 엉켰던 줄이 한참 만에 가까스로 풀리긴 했다. K의 가방을 다시 짐받이에 묶으려는데 무게가 만만치 않았다. 도대체 뭐가 들어 있는 것일까? 떠나기 전 분명 최대한 가볍게 짐을 꾸릴 것을 당부했는데. 이런 것을 따질 여유가 없으니 일단은 비를 피해 새벽에 출발하자고 말했다.

지금

오호리 공원은 화창한 날씨로 눈이 부셨다. 그늘을 찾아 커다란 호수 가운데에 섬처럼 있는 공원 벤치에서 도시락을 까먹었다. 나는 돈가스, J는 생선가스. 낚시하는 연인들을 바라보며 우리는 빨래처럼 늘어졌다. 몸이 나른하니 기분이 좋아졌다. 지난 일이 탁탁 털어졌다. 헹구지 않은 빨랫감이라도 마르고 나면 결국 똑같이 보송해지는 것이다.

딱히 무엇을 할 수 있는 기력이 남아 있지 않았다. 적당히 공원을 흐느적거리다가 한국을 떠나기 전에 예약했던 공원 근처의 호텔로 갔다. 두 시 체크인이었는데, 1분의 오차도 없는 정확한 체크인이라 프런트의 지배인도 놀란 눈치였다. 샤워를 끝내고 맥주 한 캔을 빠르게 비운 후에 누가 먼저랄 것도 없이 각자의 침대에 파묻혀 잠들었다. 그리고 저녁에 일어나 유명하다는 '후쿠오카 함바그'를 긴 줄을 선 끝에 먹었다. 마치 이 '함바그'를 먹기 위해 지난했던 일정을 소화한 느낌이었다. 이제 딱 하루가 남았다. 고심 끝에 근처 도심 외곽의 큰 아웃렛에 가기로 했다. 아침에 자전거로 출발한다면 저녁을 먹을 때쯤 돌아올 수 있을 것이다.

그러나 그때는

고가다리 밑에서 비를 피했다. 머리 위 도로가 꽤 넓어서 비가 들이치지는 못했다. 마른 공간에 짐을 풀어놓고 먼저 텐트를 쳤다. 가방은 비닐로 꽁꽁 씌운 덕분에 내용물이 젖지는 않았다. 옷을 갈아입고 다리 밑 장소를 발견하기 전에 사두었던 빵을 꺼내 먹었다. K는 아까 가방을 한번 떨어뜨린 탓에 빗물이 가방 안으로 스며든 모양이었다. 내용물을 말리려고 가방에서 물건을 꺼내는데 한 무더기의 옷과 여덟 권의 책이 나왔다. 어떻게 생각하면 좋을까. 자전거 여행을 생각하는 K와 나의 괴리는 상당한 것이었다. 그것을 좀 더 확실히 깨달을 수 있었다면 유후인을 포기하고 돌아가는 게 옳았다. 그러나 이 짐은 결국 K의 것이고, 그것과 상관없이 나는 끝까지 목적지에 갈 수 있다는 사실만 생각했는지도 모른다. 책을 펼친 K를 뒤로하고 텐트로 들어가 몸을 뉘었다. 다리 밑을 빠르게 통과하는 차들의 굉음이 빗소리를 지웠다.

　너무 추워서 새벽에 잠이 깼다. 더 눈을 붙이기보다 그

냥 출발하는 게 나았다. 어느새 비가 갠 농촌 풍경이 싱그럽게 다가왔다. 시골의 할머니들은 외지인에게도 정답게 아침 인사를 건넸다. 오하요おはよう. 중간에 들렀던 작은 신사와 수줍게 손가락으로 길을 알려주었던 마을의 꼬마도 인상에 남았다. 무엇보다 강을 따라 올라가는 고갯길에서 만난 폭포가 아름다웠다. 도로 가까이에서 이렇게 멋진 폭포를 볼 줄은 몰랐다. 지온노타키慈恩の滝라고 했는데, 꽤 유명한 곳이었는지 사람도 제법 있었고, 근처엔 음식점도 몇 군데 있었다. K는 여기서 밥을 먹자고 했다. 아직 제대로 식사를 하지 않았기에 K의 말에 수긍했지만 어쩐지 이곳의 음식점들은 비싸 보였다. 가까운 마을에 도착하면 먹자고 그를 설득하고는 다시 고갯길을 올랐다.

지금

도스鳥栖시에 있는 아웃렛으로 가는 길이 어렵지는 않았지만, 괜히 지름길을 찾다가 오히려 빙 둘러서 가고 말았다. 예정보다 조금 늦었지만 두어 시간은 충분히 둘러볼 수 있었다. 애초에 나는 쇼핑할 계획이 없어서 그만한 돈도 환전하지 않았다. 반면에 J는 꽤 많은 돈을 가져왔기 때문에 다양한 물품에 눈을 빼앗겼다. 물건을 사느라 아웃렛을 거의 두 바퀴를 돌았을 땐 벌써 서너 시간을 훌쩍 넘긴 뒤였다. 지난 일의 미안함이 있어서 나는 한발 물러서 있는 상태였다. 너무 늦지 않도록 빵빵해진 가방을 등에 지고 다시 후쿠오카로 페달을 굴렀다. 꽤 오랜 시간 어두운 길을 헤집고 오느라 눈이 조금 충혈이 되었지만 하카타역 주변에서 예정된 식사를 할 수 있었다.

마지막 밤이라 후쿠오카 시내를 돌아보고 싶었다. 대부분의 상점은 슬슬 문을 닫고 있었다. 그래서 늦은 시간까지 열려있는 '돈키호테'로 갔다. 거대한 만물상과 같은 이곳을 J도 무척 재미있어 할 것 같았다. 역시나 가게 안은 사람들로 넘쳤다. J도 어머니와 조카에게 사다 줄 의약품과 과자를 잔뜩 골라 담았다. 인파에 밀려 물건을 담는 일도 쉽지 않았는데 계산은 더 힘들었다. J만 아니었다면 그냥 집어 든 과자를 도로 가져다 두고 나왔을 것이다. 여행의 마지막 날이 왠지 허무하고 아쉽게 느껴졌다.

그러나 그때는

고갯길은 쉬이 끝나지 않았다. 유후인이 이렇게 깊은 산자락에 있는 줄은 몰랐다. K와 나는 습한 더위와 힘겨운 오르막에 한동안 말을 나눌 수 없었다. 체력이 부족한 K가 내려서 걸으면 나도 따라 걸었다. 그렇게 몇 번을 타고 또 걸었다. 자주 걸으며 체력을 아낀 덕에 완만한 언덕에서는 꾸준히 달릴 수 있었다. K는 점점 앞질러 달렸다. 무리하지 않기 위해 잠깐 쉬어야 할 시점에서도 멈추지 않았다. 저 앞에 그늘이 보여 잠깐 쉬자고 외쳤지만 대답이 없었다. 대답은 하지 않더라도 알아들었을 거라고 생각했다. 다시 그늘에서 쉴 수 있는 적당한 장소가 나타났지만 K는 이번에도 아무렇지 않게 지나갔다. 급격하게 체력이 떨어질 수 있으니 잠시 쉬어야 한다고 외쳐도 K는 어떤 반응도 보이지 않았다. 잔뜩 부아가 난 표정으로 묵묵히 달릴 뿐이었다. 그러자 그동안 K가 멋대로 달린 탓에 마음 졸였던 기억이 떠올라 화가 치밀었다. K를 앞질렀다. 뒤따라오는 K가 보이지 않을 때까지 빠른 속력으로 달렸다. 자신의 시야에서 상대방이 사라졌을 때의 기분이 어떤 것인지 알려주고 싶었다.

그대로 유후인까지 내달릴까 생각도 했었다. 그러나 함께 자전거 여행을 하자고 한 것은 나였다. 그늘에 앉아 한동안 K를 기다렸다. K는 힘겹게 따라오느라 얼굴이 붉어져 있었다. 서로 말없이 바닥에 앉아서 숨을 골랐다. 어떤 말을 해야 할지 몰랐다. 왜 이렇게 된 것일까? 서먹함은 그대로 둔 채 다시 달릴 뿐이었다.

마지막으로 힘을 내서 겨우 도착한 유후인은 예상과 다르게 한적했다. 상점들은 해가 지지도 않았는데 문을 닫았다. 딱히 할 수 있는 것이 없었다. 허탈한 마음이었다. 당장 무엇을 하면 좋을지 몰랐다. K의 의견이 궁금했다. K는 짜증이 잔뜩 섞인 목소리로 마음대로 하라고 말했다. 화를 내는 이유를 물었으나 대답하지 않았다. 그냥 서로 화가 난 채, 마을 안에서 따로 움직였다. 사람을 찾아볼 수 없는 작은 마을엔 K와 나만 어슬렁거릴 뿐이었다. 해가 지고 한참 뒤에 K가 먼저 다가와 자신이 찾은 동네 오래된 목욕탕에 가보자고 했다. 마지못해 K를 따라가면서도 한편으로 다행이라고 생각했다. 어차피 함께 돌아가야 하니까. 냉탕과 온탕이 전부인 목욕탕이지만, 따뜻한 욕탕에 나란히 앉아서 눈을 감고 있으니 응어리진 마음이 조금씩 천천히 풀렸다.

그때의 후쿠오카, 지금의 나

여행을 마치고 돌아오면 대부분의 문제는 정말 아무것도 아닌 일이다. 그러나 동시에 그 아무것도 아닌 일이 많은 문제를 내포하고 있었다는 것을 알게 된다. 자전거를 여행의 수단으로 선택한 순간부터 시작이었을 것이다. 나의 자유로움이 상대방과 같지 않고, 느끼는 부분과 지속되는 시간의 차이도 클 것이다. 자전거는 큰 힘을 들이지 않고 먼 거리를 빠르게 나아갈 수 있지만, 그만큼 끊임없이 무거운 발을 굴려야 한다. 단순히 타는 즐거움만을 생각한다면 자전거를 가지고 여행길에 나서기가 쉽지 않다. 오르막과 내리막, 그 반복의 여정이 내가 삶을 마주하는 자세와 다르지 않다. 그렇기에 크고 작은 고통도 참아낼 수 있다. 그 끝에 비로소 자유로움이 있다. 오직 나의 힘으로 가고 싶은 곳을 갈 수 있다는 건 굉장한 일이니까.

그러나 그때는 몰랐다. 너무 성급하게 그 마음을 전하려고 하면 안 된다는 것을. K는 제때 밥을 먹지 못했기 때문에 순간적으로 화가 났다고 에둘러 말했지만 실상 여러 가지 문제가 곳곳에 끼어들었을 것이다. 단지 나의 기준으로 K가 느끼는 현재의 상태나 기분을 헤아려 보지 않았던 것일 뿐. 그저 빨리 목적지에 도달하고 싶은 조바심만 가득했다. 장거리 이동, 점점 무거워지는 가방의 무게, 앞길을 막아서는 태풍, 익숙하지 않은 자전거, 불화의 도화선이 된 배고픔까지. 함께 달린 이유를 어디서 찾아야 할까.

J의 큰 가방이 구입한 물건들로 넘쳐 다물어지지 않는 광경은 이번 여행과는 어울리지 않았다. 그러나 어울리지 않다는 말도 내가 바라는 것을 제대로 충족하지 않았기 때문에 도출된 결론인지도 모른다. 짧은 일정으로 원하는 바를 모두 담을 수는 없다. 비가 와서 포기했던 일정을 어쩌면 내가 만족할 수 있는 다른 것으로 대체하려 했고, 그 생각이 결국 J의 이유를 부정적인 눈으로 바라보게 했을 것이다. 어쩔 수 없이 내 가방의 공간까지 차지한 모양새가 마냥 달갑지는 않았지만, 조금이라도 J를 이해하려고 했다면 흔쾌히 짐을 나누어야 했다. 함께 떠

난 여행이니 어떤 문제든 같이 나눠서 같은 무게로 돌아올 수 있다면 나쁘지 않다는 것, 그것이 그때와 이어진 지금의 후쿠오카 여행에서 뒤늦게 깨달은 바다. 그때의 후쿠오카, 그 다리 밑에서, K가 가져온 책 여덟 권 중 네 권의 책을 빌렸다면 어땠을까. 나는 그때 K가 어떤 책을 읽었는지 도무지 기억나지 않는다.

생각이 화려하던 시절이 있었다

류호분

"그들도 우리도 모두 솔직했고, 그건

그 시절이니까 가능했던 경험이었다."

1박 2일 일정으로 숙소만 잡고 여행길에 올랐다. 회사 동기와 나, 둘 다 사전 지식은 고사하고 무엇을 먹을지조차 정하지 않았다. 면세점, 가방. 우리의 목표는 그것뿐. 인천공항 면세점에서 시간 가는 줄을 몰랐다. 각자 원하는 가방을 손에 넣은 우리는 만족스런 여행을 마친 사람들처럼 기세등등하게 공항 라운지에서 컵라면을 먹으며 서로의 가방이 예쁘다고 칭찬했다. 인천에 입국할 때 세관 직원에게 걸릴 수 있으니 쓰던 것처럼 보이게 하자며 가방을 매고 다니기로 의기투합, 비행은 덤이었다.

후쿠오카에 도착하니 이미 늦은 저녁이었다. 간이역

이 있는 조용한 마을에 내린 기분이었다. 호텔 픽업 서비스를 이용해 호텔로 가는 길은 고향집에 온 듯 푸근했다. 일본의 첫 인상은 조그맣고 유연하며 우아한 고양이 같았다.

호텔에 짐을 풀고 잠시 동안 새로 산 가방을 끌어안은 채 이번 여행은 성공이라며 동기와 자축하다가 그래도 여기까지 왔는데 맥주라도 마시자며 밖으로 나섰다. 하지만 가방 생각이 떠나지 않아 가까운 편의점에서 맥주와 안주를 사서 방으로 돌아왔다. 우리는 연신 축배를 들며 회사 욕도 하고 남자 얘기도 하며 앞으로 남은 이십대를 얼마나 더 화려하게 보낼지 궁리했다. 우리에게 삼십대는 너무 먼 얘기였다. 서른이 넘어서까지 같은 직장에 다니고 있다면 같이 그만 두고 세계여행을 떠나자, 그때까지 이런 생활을 할 리가 없잖아? 그런 포부도 우리에게 있었다.

흥이 오를 대로 오른 우리는 다시 밖으로 나갔다. 어느 골목 안에 사람들로 가득한 작은 식당이 있어 더 고를 것도 없이 그리로 들어갔다. 어쩌면 그 안의 사람들의 목소리에 이끌렸는지 모르겠다. 고로케와 맥주를 시켰다. 술은 물처럼 들어갔고 고로케는 이 세상 맛이 아니었다. 이후 한국에 돌아와 이자카야를 돌아다니며 그 고로케 맛을 되찾으려 했지만 그곳에 가지 않는 이상 같은 고로케를 먹을 수 없다는 사실만 실감할 뿐이었다.

맥주가 끝없이 들어가는 바람에 안주가 부족했다. 어색한 일본어로 안주를 추천해 달라며 옆에 앉은 한 커플에게 메뉴판을 가져갔다. 그들은 직장 동료였고 남자 쪽에서 여자를 좋아하는 눈치였다. 이건 여자의 직감이라기보다 누가 봐도 그녀가 사랑스러운 여자였기 때문이었다.

남자가 이 가게에서 유명하다는 메뉴를 알려주었다. 스시와 꼬치가 함께 나왔다. 그 안주 덕분에 우리는 더 많은 맥주를 마셔야 했다. 그들과 많은 이야기를 나누었음에도 이제와 돌이켜 보면 무슨 이야기를 했는지, 과연 우리가 말은 통했던 것인지 기억이 나지 않는다. 그들이 커플로 이어졌는지, 결혼은 했는지, 아무 사이도 아니게 되었는지도 이제는 알 도리가 없다. 다만 그 둘이 서로 호감이 있었고, 동기와 나는 그 순간만큼은 둘이 잘 되길 빌어주었다는 기억만 남아 있다. 이제는 얼굴조차 떠오르지 않는 그들이지만 그들도 우리도 모두 솔직했고, 그건 그 시절이니까 가능했던 경험이었다.

배가 부르지 않았다면 가게 문이 닫힐 때까지 그곳에 있었을 것이다. 시간의 흐름을 망각할 정도로 취한 우리는 새로 산 가방을 어깨에 아무렇게나 걸치고 밖으로 나와 사진을 찍었다. 반나절도 지나지 않는데 어느새 신상 가방은 거추장스러운 것이 되어 있었다. 가방 자체가 무거워 어깨가 아파 사진 찍는 동안 몇 번이나 땅바닥에 내려놓기도 했다. 옛 친구와 고향에서 만난 듯, 어린 아이들처럼, 그 나잇대 여자애들답게 작은 것에 감동하고 예쁘다는 말을 연발하며 거리를 배회했다. 순수하게 즐거웠다. 그렇게 밤을 보낸 우리는 아침 비행기를 취소하고 오후에 돌아가기로 했다. 후쿠오카를 좀 더 돌아다녀 보기로 했다.

호텔 리셉션에서 꼭 가봐야 할 두 곳을 추천받았다. 딱 그 두 곳만 들렀다 가기로 했다. 고즈넉한 절이 있는 기온祇園과 서울의 명동 같은 쇼핑 거리였는데 마주하는 장소마다 편안한 마음이 들었고, 어쩐지 익숙했다. 음식 또한 입에 잘 맞았다. 카페에 앉아 후쿠오카에 오길 정말 잘했다며 웃었다. 이미 내 것이 된 가방과 달리 후쿠오카는 좋은 것들로 가득하지만 가질 수는 없는 것이었다. 우리에겐 그 가치의 차이가 아주 어렴풋했다. 하지만 언제든 다시 올 수 있을 거라 생각했다.

인천공항에 도착해 우리는 가방에 대한 세금을 내야 했다. 세관 직원들은 무전까지 하면서 우리를 찾아다녔다. 우리는 어느 출구로 나가든 걸렸을 거였다. 허탈한 웃음을 지으며 이럴 줄 알았으면 백화점에서 사는 게 비행기, 호텔 값도 안 들고 더 쌀 뻔했다고 말하다가, 그래도 후쿠오카 여행은 즐거웠다며 위로했다. 여행의 경유지는 면세점이었지만 최종 목적지는 결국 후쿠오카였으니까.

그 후로 10년이 지났다. 나는 지금까지 후쿠오카를 여행으로 간 적이 한 번도 없다. 비행기를 타는 게 업무다 보니 그저 공항과 근처 호텔에만 잠시 들렀다 왔을 뿐이다. 그리고 후쿠오카까지의 짧은 비행은 쉴 새 없이 바쁘다. 당시 꿈꾸었던 미래와 달리 이미 서른 살이 훌쩍 지났지만 아직 같은 회사에 다니고 있고, 심지어 열심히 일하고 있다. 되도록 무난한 생각을 하려 노력하는 내 나이는 이제 무채색에 가깝다.

그때 샀던 가방은 유행이 지나 잘 메지 않는다. 하지만 그 가방을 볼 때면 저걸 메고 후쿠오카 밤 골목을 다시 걸어 보고 싶다는 생각을 한다. 이제 아기 엄마가 되었을지도 모를 사랑스런 여인과 그녀에게 빠져 있던 수줍은 남자, 맛있는 고로케. 단 하루 반나절이었지만 그날의 밤공기만큼이나, 거리의 조명만큼이나 따뜻한 기억이다.

지금도 가끔 그날 찍은 사진을 본다. 나무로 지어진 작은 선술집 앞. 주변은 이미 어두워 노란 조명들이 잠든 거리를 덮어 주고 있는 가을의 어느 날. 자전거를 손에 쥔 스물세 살의 내가 사진 속에서 웃고 있다. 새로 산 가방을 어깨에 메고 겨울이 오는 길목에 잘못 핀 봄꽃처럼 애처롭게 싱그러운 내가 거기 그곳, 후쿠오카에 있다.

마타네,* 후쿠오카

백지은

"여행이라도 해야 고개를 드는 이 관대함.

내 마음이 나를 두근거리게 한다."

근본적으로 아무것도 하지 않기 위해

절로 경건해지는 성가대 음악이 흐르는 카페에 앉아 있다. 2인용 테이블 다섯 개와 도로를 향한 창가 테이블 하나. 아베키 씨 혼자 커피도 내리고 케이크도 내오고 주문도 받고 계산도 한다. 테이블 위에는 이곳의 시그니처 메뉴인 치즈케이크와 드립으로 천천히 내린 아이스커피, 그리고 뭔가를 끼적이고 그리기 위한 다이어리가 있다.

---

* 또 보자는 의미의 가벼운 작별 인사

지금 막 오후 3시가 지났다. 허리 중간에 오는 등받이 의자는 생각보다 편하고, 걸으면 삐걱거리는 나무 바닥도 정겹다. 과장됨이 제거된, 적당하게 정중한 아베키 씨의 움직임을 훔쳐보며 5일간의 일정을 정리했다. 근본적으로, 뭘 하려는 게 아니라 뭘 안 하기 위한 여행이 필요했다. 그곳이 가까우면서 처음인 곳이라면 더욱 좋았다. 그래서 지금 여기, 후쿠오카에 와 있다.

후쿠오카에서 해야 할 건

생맥주 한 잔을 곁들인 히쓰마부시로 이른 저녁 식사를 마쳤다. 어스름, 불을 밝히고 손님맞이가 시작되는 시간, 골목마다 맛있는 냄새가 난다. 일을 끝내고 식당을 찾는 동료, 아이의 의자를 챙기는 가족, 시원하게 웃으며 떠드는 친구 무리. 관광지라고 설명하기엔 관광할 게 없는 도시라지만, 이 시간대 골목의 사람 냄새에 충분히 감화된다. 지상에서 한 뼘 떠 있는 기분으로 걷는다. 역시 혼자 와야 했던 거다. 좋아하는 노래를 들으며(동행이 있으면 혼자만의 노래를 들을 수 없다), 모든 감각에 예민해지며(순간순간 뇌리를 스쳐 가는 이야기들을 대화가 아닌 글로 남겨 놓게 된다), 자리 잡기도 쉽고(한 사람의 자리는 금방 난다), 여행 스케줄에 집착하지 않을 수 있으니('아무렴 어때'라는 마음을 아무도 비난하지 않는다). 혼자라서 좋다. 편의점에서 지역 맥주地ビール와 안줏거리를 사서 호텔로 돌아왔다. 맥주 한 잔을 하며 영수증을 정리하고 온전히 먹고 마시고 보는 일에만 집중할 내일을 생각했다.

숙소로 돌아와
안주거리들을 펼쳐놓고
오늘의 여수증을 정리하며
내일의 일정을 생각할때.

© cantabile ;)

간단히 행복이라 말하고는

일요일의 정석 같은 날씨에 과감하게 외투를 생략했다. 도톰한 니트 원피스 하나에 에코백을 멨다. 기온을 돌아다녀 보기로 했다. 먼저 찾은 곳은 고보^{弘法} 대사라는 분이 당나라에서 돌아와 세웠다는 절 도초지^{東長寺}.

그리 넓지 않은 절 내부엔 일본에서 가장 큰 목조 좌상이 존재감을 내뿜고 있었다. 그 좌상을 받치고 있는 단상 안쪽에 지옥도를 비롯한 몇 작품을 감상하게 해두었는데, 자연스레 걸음이 그쪽으로 옮겨지도록 유도한다. 으스스한 분위기의 그림들이라 건성으로 보며 주어진 방향대로 끌려가다, 어느 순간 빛이 하나도 새어 들어오지 않는 복도에 들어섰다. 의도치 않게, 마음의 준비도 없이, 시공이 사라진 듯한 무^無의 영역으로 타임워프를 한 기분이었다. 앞서 걸어가는 관광객들의 목소리로 거리를 가늠하며, 스치듯 손끝으로 벽을 더듬으며. 빨리 빠져나가고 싶지만 함부로 걸을 수가 없었다. 종종걸음으로 마음만 더 급해졌다. 드디어 저 멀리 빛 한 점, 출구가 보이자 거의 뛰다시피 빠져나왔다. 열반이라도 한 걸까? 눈에 보이는 모든 것이 각별해졌다. 이 마음을 간단히 넘기고 싶지 않아 뭐라도 해야 할 것 같은데. 이 역시 유도된 것일지 모르지만, 50엔을 주고 향초를 사서 입구 항아리에 꽂았다. 소원을 말하는 건 이 경험의 덤이니 간단히 '행복'이라고만.

　도초지에서 나와 구시다櫛田 신사까지는 금세다. 신사에서 결혼식이 열리고 있었다. 삶을 새로운 시공간으로 가져다 놓는 저 의식이 한 여인의 죽음과 복잡하게 뒤엉켰다. 이곳 구시다 신사에 명성황후 시해에 사용된 칼 히젠토가 있었다. 옷에서 희미하게 향냄새가 났다.

혹시 이야기할 사람이 있었다면

기온 거리를 통과해 점심을 먹으러 가는 길, 나도 모르게 바게트를 들고 파리 뤽상부르 공원을 향하던 날을 떠올렸다. 낯선 장소에서 익숙한 생각들을 끌어오는 일은 여행이란 두 글자에 더욱 속도를 내준다. 내가 가장 바쁘게 한 일은 식단을 헤아리는 것이었다. 점심으론 입소문이 난 덕에 30분은 족히 기다려야 했던 식당에서 스테이크 덮밥을 먹었다. 점심을 먹으며 저녁을 생각했고, 다섯 시간 뒤 전반적으로 조도를 낮춘 멋진 식당에서 명란 덮밥을 먹었다. 이제 어디를 가 볼까. 후쿠오카 성터를 빛으로 물들이는 팀랩teamlab 전시가 좋을 것 같았다. 이틀간 달무리가 져 있는 걸 보니 곧 비가 올지도 모르겠고, 그러면 미룰 이유가 없었다.

성터에 거의 도착해서 지도를 잘못 보는 바람에 어두운 길을 꽤 멀리 돌고 말았다. 인적이 드문 길을 헤매며 이 길이 맞나 의심이 들었지만, 의심이 불안으로 변하기 전 다행히 연인들의 뒷모습이 가까워졌다. 일요일 밤을 그냥 보내기 아쉬워서였을까, 매표소 줄이 길었다. 들뜬 목소리들이 공간을 채우고 있었다.

발광하는 여러 색으로 눈이 호강했다. 별다른 장치가 필요 없었다. 높은 성벽은 빛으로 만들어내는 그림의 거대한 캔버스고, 넓은 성터는 그 자체로 전시 공간이었다. 과거는 이렇게 배경을 제공하고 현대의 디지털 아트는 그 위에서 마음껏 개성을 펼쳤다. 빨갛고 파랗고 노랗게 변하는 오케스트라볼은 강렬한 원색의 빛과 어두움을 공전하게 해 사진 찍기 좋은 배경이 되어 주었다. 이럴 땐 표정보단 실루엣. 여러 색들 사이에서 몇 장의 사진을 찍었다. 내내 흐르는 몽롱한 배경음악 덕에 이어폰을 귀에서 빼낸 지 오래였다. 엄마 품에 따뜻하게 안긴 아이가 색이 변하는 구球를 조용히 바라보고 있었고, 나는 그 아이의 눈을 오래 응시했다.

그러나 교토京都 기요미즈데라清水寺에서 보았던 라이트 업처럼 이곳 역시 입구와 출구 방향이 정확하게 정해져 있었다. 성곽 안으로 들어와서도 매표소 줄의 연장이었던 것이다. 순서대로 움직이려면 꽤 많은 시간을 기다려야 했다. 대화를 나누고, 웃고, 서로의 사진을 찍어주며 이 색들이 얼마나 아름다운지를 얘기할 상대가 있었다면 조금 덜 지루했을까.

호텔까지 가는 버스는 오래 기다리지 않아도 되었다. 쇼핑이 주요 목적이라면 백화점이 모여 있는 텐진에 숙소를 잡는 게 좋았겠지만, 귀가의 기분을 제대로 내 보기엔 하카타역 근처만 한 곳이 없었다. 하카타역은 많은 버스 노선의 출발지이자 종점이라 자리를 잡고 앉으면 여유 있게 창밖을 구경할 수가 있었다.

버스는 정류장에 표기된 시간에 맞춰 정확히 도착하고 떠난다. 그들이 예정해 준 시간대로 호텔에 도착해 방 안의 안마의자를 작동시켰다. 온종일 걷느라 무거워진 발걸음과 조금 가라앉아 버린 마음을 어루만졌다. 마셔보지 않은 츄하이도 몇 캔 사 왔는데, 조금 맛보는 것만으로 기분이 금세 회복됐다.

그동안 내 여행은 그랬다. '이왕'이란 두 글자에 '그곳'이란 두 글자가 합쳐져 무적을 이뤘다. 늘 이왕 그곳에서 할 만한, 먹을 만한, 다닐 만한 것들을 찾으며 여행 계획을 촘촘히 세웠다. 말 그대로 '이왕 그곳'이니까. 하지만 최근 부서 인원이 조정된 후 업무가 배로 늘어 그런 여행을 준비하고픈 여력이 생기질 않았다. 괜찮은 투어 프로그램이 있는지, 미슐랭 별을 받은 레스토랑의 메뉴는 무엇인지, 이 갤러리에서 저 갤러리의 거리는 어떤지 등 그동안 필수적이었던 질문들을 지웠다. 그러면서 '내려놓음으로써 얻어지는 것이 있겠지' 하는 터무니없이 긍정적인 생각을 했다. 아무 생각 없이 그냥 걸어도 괜찮을 거야. 그렇게 자의 반 타의 반 뭘 안 하는 여행을 선택했고, 고작 이틀 만에 모든 여행엔 그 나름의 이유가 있음을 깨닫고 있었다.

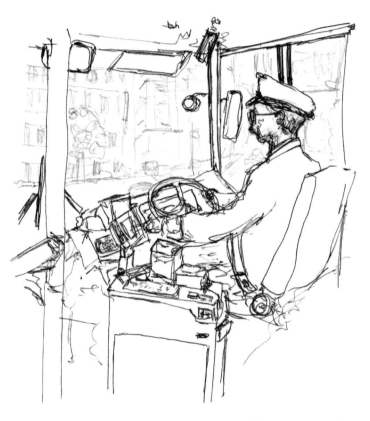

지하철보다 버스를 더 신뢰하는 이유.

© cantabile.j

아니, 지금 여기서 행복할 것

셋째 날 아침은 빗소리로 시작됐다. 영화 <러브레터>에 흘렀을 법한 피아노 연주곡으로 조식당의 상쾌한 아침이 한 톤 차분해져 있었다. 따뜻한 국물로 배를 채우고 올라와 뉴스를 보니 종일 흐리긴 하지만 정오부턴 비가 그친다고 했다. 다자이후太宰府에는 비가 오는 날 가면 좋을 것 같다고 막연히 생각하고 있었다. 시야를 방해받지 않는 정도의 적당한 비가 오면 어쩐지 더 돌아다니고 싶은 마음이 들었다. 비가 그치기 전에 출발하려면 이럴 여유가 없지. 하카타에서 다자이후까진 버스로 40분. 창문에 맺힌 빗방울을 보고 있자니 차가 조금 밀려서 한 시간 정도 지체되면 좋겠다 싶었다. 도리어 일찍 도착하지 않길 바라는 마음이라니, 이것도 여행의 선물인가 보다. 비가 오니 풍경이 깨끗하고 선명했다. 산자락 아래 동네에는 하얀 물안개가 끼어 있고, 낮은 주택들은 고만고만하게 아름다웠다.

학문의 신인 스가와라노 미치자네를 모시는 신사 텐만

구天満宮로 가다 보면 세 개의 붉은 다리를 건너게 된다. 이 세 개의 다리는 순서대로 과거, 현재, 미래를 의미하며, 그래서 걸을 때 뒤를 돌아보면 안 된다는 속설이 있다. 텐만구에 가까워지자 그 말이 굉장히 신경 쓰였고, 그래서 옆은 허용하되 뒤는 철저히 차단하며 걸었다. 신사보다 사람들이 들고 있는 우산에 부딪히지 않는 데 주의하며 돌아오다가 어느덧 세 개의 다리를 다시 만났다. 멈칫했다. 이렇게 되면 미래, 현재, 과거의 순서로 걷게 되는 셈이다. 뒤를 돌아보지 않으려 애쓰며 걸었는데 결국은 뒤를 향해 걸어가게 되었다. 아, 그럼 혹시 지금 바라보는 순서로 과거, 현재, 미래였던 걸까? 어디가 앞이고 뒤인지 모를 세 개의 다리. 기껏 의식하며 걸어온 길인데 순서란 게 아무 의미 없었다. 과거도 현재도 미래도 한 발자국씩 넘어지지만 않게 조심조심 걸으면 되는 것이었다. 괜한 말 한마디에 휘둘리면 풍경과 감상이 사라진다.

　예상보다 더 쌀쌀했다. 옷깃을 여기며 카페를 찾아 들어가 갓 구운 빵에 버터를 바르고 따뜻한 커피 한 모금을 마셨다. 어느 순간 등이 따스해져 돌아보니 하늘이 파랗게 개었다. 빵 표면을 가로지르며 새어 들어온 햇볕에 비오는 날 감상은 온데간데없고, 이대로 가만히 앉아 있을 수가 없었다. 모모치[665] 해변이 좋겠다. 여행을 오면 쓸데없이 부지런해진다. 나, 아무것도 하지 않는 여행을 하려던 게 아니었나? 파도처럼 감상이 넘친다.

바닷바람이 세게 부는 해변에는 몇몇 여행자들만이 서성이고 있었다. 오전에 내린 비로 축축하게 젖은 모래를 밟다, 가만히 파도 소리를, 그러다 이번 여행지에서 들으려고 담아 온 노래를 작게 틀었다. 사진을 찍고, 하늘도 올려다보고. 어느 책에서 그랬다. 여행은 '여기서 행복할 것'의 준말이라고. 나는 지금 여기서 행복하다, 그런 사진이 담겼다.

호텔로 돌아가기 전, 추천받은 와인 가게에 들렀다. 주인만 아는 방식으로 정리해 놓은 듯 수많은 와인들이 질서 없이 빼곡했다. 질서를 파악하려다가는 시간 가는 줄모르고 구경만 할 것 같아 직원에게 내추럴 와인을 추천해 달라 부탁했다. 좋아하는 와인 품종과 원하는 가격대를 듣고 나서 건네준 건 프랑스 내추럴 와인 두 병. 도시는 어두워지기 시작했다. 진분홍으로 물드는 저만치의 하늘, 첫날의 골목 냄새를 떠올려 보았다. 이곳이 익숙해지나 보다. 얼른 돌아가 와인을 마시고 싶었다. 모든 타이밍이 완벽했다.

겨울바다. 모모치해변의 나스름.

ⓒ cantabile.j

시간도 마음대로 써 보고

맑지만 바람이 거셌다. 하늘이 맑은 것만으로 충분했다. 이대로도 좋아, 이 관대함은 어디서 온 거지? 나갈 채비를 하며 틀어 놓은 TV 뉴스에서 폭설로 도심이 마비된 도쿄를 비춰 주었다. 다른 세상의 이야기 같다. 한국도 일본도 아닌 제3의 장소.

낯선 언어로 가득한 책을 골라보며 디자인이나 서점의 디스플레이를 보는 것도 유희다. 여행지에서 서점은 꼭 찾아가 보는 장소다. 오호리 공원에도 갈 겸 롯폰마쓰六本松에 있는 츠타야 서점으로 갔다. 오전 10시가 조금 넘은 이른 아침이지만 커피를 마시고 책을 읽는 사람들의 숫자가 제법 많았다. 커피를 먼저 주문하고, 마음에 드는 책을 몇 권 골라 자리를 잡았다. 롯폰마쓰에는 큰 공원과 대형 마켓, 편의시설, 규모 있는 학교도 있지만 유동 인구는 많지 않은 듯했다. 후쿠오카에서 살게 된다면 이 동네다 싶었다. 넓은 호수를 두르고서 한가운데 섬처럼 아늑한 오호리 공원을 돌았다. 사람들은 낚시를 하고 자전거를 타고 가만히 누워 피크닉을 즐겼다. 그리고 JR 하카타 시티에서 장을 봤다. 하카타역 근처 호텔에 묵고 있으면서 하카타 시티는 처음 방문했다. 백화점과 쇼핑몰, 기차역과 터미널이 모두 한 데 묶인 복합공간이라 볼거리가 정말 많았다. 이곳에 너무 늦게 왔구나. 저녁에 마실 샴페인을 한 병 샀고, 후쿠오카 명물인 명란이 들어간 마요네즈도 샀다. 실온에 오래 두면 안 되는 명란젓은 공항에 가기 전 구입하기로 했다.

날이 어두워지기만을 기다린 것 같은 여행의 마지막 밤. 전망대로 갔다. 사실 후쿠오카 타워 전망대는 고작 5층에 있기에 큰 기대를 하지 않았다. 하지만 엘리베이터의 문이 열리고 전망대로 발을 내딛는 순간, 할 말을 잃고 말았다. 내 시선은 후쿠오카 상공을 껑충 뛰어올라 파노라마로 펼쳐진 창밖 풍경을 내려다보았다. 빽빽한 건물들이 뿜어내는 불빛과 물감이 덜 섞인 듯 복잡하게 얽혀 어두워지는 바깥. 야경은 인간과 자연이 함께 만들어가는 것인데, 왜 애쓴 느낌 없이 자연스러울까. 아무리 사진을 찍어도 보이는 것과 같을 수 없었다. 사진은 포기하고 대신 눈에는 넘치도록. 김동률, 트로이 시반, 이요

한의 음악. 그새 낯이 익었던 관광객들이 모두 떠났다. 색은 완전히 섞여 더 변화를 보여주지 않았다. 완벽한 밤이 되고, 나도 샴페인을 딸 시간이 왔다. 시간을 완벽하게 맘대로 썼다.

정류장에는 퇴근하는 사람들과 관광객들이 한 데 섞여 북적였다. 찬 바닷바람이 불어왔다. 몸을 한껏 웅크리고 버스에 올라탔다. 일본의 버스는 뒷문으로 타서 앞문으로 내리기 때문에 대부분 내리기 편한 앞자리를 선호한다. 종점까지 가야 하기에 자리에 앉지 않으면 힘들겠다 싶었는데, 내 앞에 서 있던 사람들 대부분이 동행이 있어 함께 앉을 수 있는 뒷좌석으로 갔다. 덕분에 앞자리를 사수하고, 무심코 사소하게 기분이 좋아졌다.

어두운 창밖을 바라보았다. 아무것도 하지 않겠다 했지만 마음은 바빴다. 내려놓는 여행을 많이 해 본 적이 없으니 그동안의 여행 방식에 익은 몸이 이전대로 움직였다. 다음의 행선지를 끊임없이 고민하고, 카페에 조금 길게 앉았다 싶으면 주섬주섬 짐을 챙겼다. 여행의 결이 한순간에 달라질 리야 없다. 하지만 '해야 한다'는 의무와

'해볼까' 하는 권유는 근본적으로 달랐다. 여행을 숙제처럼 여기지 않았다. 처음 가 본 도시를 여행하는 건 오랜만이었고, 나는 추운 것을 즐기는 겨울 체질인 데다, 날씨는 내내 알맞게 따뜻하고 알맞게 쌀쌀했고, 무엇보다 버스 자리 잡기가 편한 혼자였다. 좋지 않은 게 없었다. 여행이라도 해야 고개를 드는 이 관대함. 내 마음이 나를 두근거리게 한다.

훍빛마츠의 탄상, 후쿠오카

© cantabile.j

언젠가 또, 후쿠오카

어젯밤 너무 잘 마신 탓에 때꾼하게 부은 눈으로 마지막 아침을 맞이했다. 창문을 여니 푸른 하늘에 흰 눈이 흩날리고 있었다. 올겨울 유난히도 많이 내려 눈에 대한 설렘은 사라졌다 싶었는데, 이런 아침의 눈은 올해의 처음인 듯 좋다. 하카타 시티가 바라다보이는 카페에서 산미가 강한 아메리카노 한 잔을 마셨다. 이런 뷰의 카페가 동네에 있다면 비가 와서, 눈이 와서, 날이 좋아서, 날이 흐려서 자주 찾을 것 같은데. 엇비슷한 곳을 떠올려 보다가, 카페는 그럭저럭, 하지만 뷰에서 결국 포기하고 만다. 이런 뷰가 있다 하더라도 창가 좌석을 혼자 오는 사람들을 위해 기꺼이 빼놓은 카페는 우리 동네엔⋯⋯, 떠오르지 않는다.

탑승수속을 밟고 들어와 생맥주 한 잔을 놓고 앉았다. 오랜 시간을 들여 준비한 여행이 아니었기에, 특별한 경험을 해 본 여행도 아니었기에, 그때 그걸 했었어야 했는데 미련을 갖게 될지도 모르겠다. 당장이라도 돌아 나가 야쿠인藥院이나 텐진의 골목들을 더 열심히 거닐어야 하는 게 아닐까. 하지만 다시 돌아가더라도 이 닷새의 일정에서 크게 달라지지 않을 것이다. 내가 좋아하지 않는 것들을 충분히 배제함으로써 생겨날 수 있었던 여행이었으니까.

항공사 직원의 안내 방송. 탑승 시간이 되었다. 억류되었다 풀려나는 사람들도 아닌데 돌아가는 사람들의 표정이 밝다. 돌아갈 집이 있고, 가족, 친구, 동료들에게 줄 선물이 있다. 여행 이야기를 한껏 풀어놓고 싶겠지. 그 속에 내 이야기도 있다.

처음이었던 후쿠오카. 사요나라さようなら가 아닌 마타네またね로 인사해야지. 언젠가 또 만나, 후쿠오카.

너머의 유케무리[*] 한수정

노고한 날들

"그렇게 우리는 여행메이트로서
서로에게 잘 맞춰온 것 같다
엄마도 내게, 나도 엄마에게."

어느새 엄마와의 다섯 번째 겨울 여행이다.

수고한 지난 1년, 수고할 앞으로의 1년. 열심히 살아온 우리에게, 특히 엄마에게 선물하고 싶어 시작한 둘만의 여행은 늘 겨울의 끝자락, 설날과 겹치지 않는 그즈음이다. 두 번의 가정사(반려견이 아팠고 집안에 부고가 있었다)로 항공권을 취소했을 때 말고는 엄마와의 여행은 나에게도, 엄마에게도 어느새 당연한 일이 되었다.

첫 번째 여행지는 교토였다. 나 혼자 교토를 다녀온 적

* ゆけむり. 뜨거운 목욕물, 온천 등에서 오르는 김

이 있는데, 엄마에게 꼭 보여주고 싶은 곳들이 많았다. 찾아 둔 정보도 충분해서 엄마를 모시고 가도 문제 없을 거라 생각했다.

평소에도 엄마랑 잘 어울리면서 굳이 둘이 여행을 가야 할까 싶기도 했다. 하지만 엄마에겐 이런 식의 여행이 분명 처음이었다. 아침 일찍 일어나 이리저리 걸어 다니고 구경하고 나서도 그날의 집안일을 하지 않아도 되는 하루. 교토의 한적한 신사나 절을 유유자적 둘러보고 맛있는 음식을 먹고, 깨끗하고 정돈된 거리와 일본인들의 친절한 면면을 누려 보고.

"엄마는 저녁밥을 안 하는 것만으로도 너무 즐거워."

나는 고작 그런 이유로 여행을 가느냐고 핀잔을 줬지만, 사실 엄마의 그 말이 마음에 박혀버렸다.

여행지를 선택하고 계획하는 일은 나의 몫이다. 그 시간에 엄마는 아빠의 며칠 분 반찬을 만들었다. 엄마를 모시고 간다는 생각에 여행지는 결국 내게 익숙한 교토나 도쿄 같은 곳들이었고, 그 안에서 엄마와 함께할 수 있는 새로운 것들을 생각해 보지만 도착하면 언제나 지난 여행과 다를 바 없이 그저 많이 걷고 보고 먹고 하는 식이었다.

내게 엄마는 강한 사람이었다. 열심히 살았고, 부지런히 살았다. 대학 졸업 후 바로 결혼해서 큰며느리가 되었고, 제사를 비롯해 힘든 일들 전부 본인 몫이라 여기고 묵묵하게 참으며 살았다. 엄마가 결정해 주어야 할 크고 작은 일들은 늘어만 갔다. 더 고민하고 걱정하는 사람이 결국 발 벗고 희생하게 되는 거였다.

마스다 미리의 책 『평균 연령 60세 사와무라 씨 댁의 이런 하루』처럼 나와 엄마, 아빠 그리고 반려견 보브까지 우리 집이 그 평균 연령을 향해 가면서부터 나도 자연스럽게 부모님의 나이를 실감하게 되는 순간들을 자주 맞게 된다. 엄마는 20년 째 매일 아침 수영을 하고, 여전히 걷는 것도 좋아하지만, 예전 같지 않았다. 그때쯤일 거다. 여행의 목적지가 노곤했던 날들을 보상 받을 만한 곳이어야 한다고 생각한 것이. 무엇보다 겨우내 얼어 있던 몸과 마음을 녹일 수 있는 곳이었으면. 온천이 아른거렸다. 일본 내 수많은 온천지역을 검색한 끝에 결과적으로 후쿠오카로 들어가 벳푸와 유후인을 돌아 나오는, 온천 정규 A 코스를 택했다.

규슈 오이타현은 온천 원천수 용출량에서 일본 제일이다. 그중에서도 벳푸만에 접한 벳푸는 용출량이 세계 2위, 일본 내 1위인, 온천에 의한 온천을 위한 도시이다. 하지만 벳푸 온천이라 할 때 먼저 떠오르는 이미지들도 있다. 뻔하다, 낡았다, 오래되었다, 세련된 맛이 없다.

규슈 온천 패키지상품으로 오래전부터 알려진 게 그 이유겠지만, 벳푸는 나에게도 어쩐지 낡은 이름이었다. 아직 사람들에게 알려지지 않은 새로운 곳을 먼저 알아내고 싶다는 괜한 욕심도 있었고, 온천이라면 으레 고급스럽고 한적해야 한다는 고집도 있었다. 누구에게나 알려졌다는 그 결정적인 힌트를 왜 눈치 채지 못하고 있었을까? 일본 내 1위로 꼽히는 곳답게 벳푸는 온천을 위한 모든 것이 갖추어진 곳이었는데.

후쿠오카 공항에서 벳푸행 고속버스를 타고 2시간 30

분 남짓. 벳푸 기타하마北浜 종점이 가까웠다는 것은 버스 창밖, 시내 곳곳에서 뿜어내는 힘찬 유케무리로 알 수 있었다.

우리의 숙소는 벳푸만 바로 앞, 리뉴얼을 끝낸 지 얼마 안 된 오래된 온천 호텔이었다. 료칸도 아니고 온천 호텔이라니, 그것도 후기 한 줄 찾아보기 어려운. 그럼에도 확 트인 바다 전망의 노천탕 사진 한 장에 반해 주저 없이 예약해 버렸다. 엄마는 내가 고른 곳이면 어디든 좋다고 했다.

내가 알아보고 계획한 세부적인 것을 엄마도 좋아할 것인가 하는 걱정은 매 여행마다 내가 제일 신경 쓰는 부분이었다. 예전에는 엄마에게 책이나 인터넷으로 그 지역을 한 번 찾아보고 가보고 싶거나 먹고 싶은 것이 있으면 말해 달라고도 했지만, 항상 이렇다 할 답은 없었다. 혼자 고민하며 '역시 여행은 혼자가 제일 좋지' 푸념하기도 했다. 둘 다 이른 아침 하루를 시작하는 사람들이라 여행지에서도 일찍부터 서두르기 마련이었고, 오후쯤 되면 엄마가 괜찮을까 싶어 정해둔 일정을 취소할까 싶기도 했다. 그럴 때마다 엄마는 "가자, 가 보자" 하면서 나를 이끌었다. 게다가 다섯 번의 여행 동안 의외의 모습을 보기도 했다. 홍콩에 갔을 때의 일이다. 마카오의 유명한 어묵집을 지나게 되었는데, 종류가 너무 많고 무엇이 들어갔는지도 모르겠고, 혹시 한국에서라면 잘 먹지 않는 재료는 아닐까 싶어 망설이고 있었다. 그런데 엄마가 오히려 "안 먹어?" 하며 적극적으로 맛을 보았다. 내가 계획을 짰다고 해서 엄마가 수동적으로 받아들이기만 하진 않는다는 사실을 알게 되었다. 내가 엄마를 잘 몰랐구나. 그렇게 우리는 여행메이트로서 서로에게 잘 맞춰온 것 같다. 엄마도 내게, 나도 엄마에게.

정갈하고 단단해 보이는 로비를 지나 예약한 방으로 들어갔다. 진정한 오션 뷰를 실감하고 감탄하다 보니 노천탕에 대한 기대감이 더 커졌다. 거기에 '류머티즘성 관절, 요통, 오십견, 만성 피부병, 근육통, 만성 소화기병 등등' 다양한 곳에 효능이 있다는 자신감 넘치는 안내문에 고무되기도 했다. 하지만 노천탕에 들어선 순간, 눈앞에 펼쳐진 풍경에 수질이 어떠한지 효능이 어떠한지는 아무래도 상관없었다. 끝도 없이 푸른 바다와 분홍빛으로 물들어가는 하늘, 이토록 사치스럽고 호화스러운 파스, 멘소래담, 피부병, 소화기병 치료제라니. 고요하고 따뜻한 망망대해 한가운데 몸을 담그고서 한겨울 바닷바람을 시원하다고 느끼며 감탄에 또 감탄. 하염없이 이 상태였으면.

벳푸의 물이 좋다는 것은 익히 알고 있었다. 부들부들 매끈매끈. 아, 또 감탄에 감탄. 거기다 호텔 욕탕은 온천 수질에 시너지 효과를 더하기 위한 온갖 목욕용품들로 가득했다. 그 유명한 마유馬油 시리즈를 비롯해 '메이드 인 재팬' 제품들을 괜히 더 많이 바르고, 그래도 부족해 한 번 더 발랐다. 엄마는 구비된 클린징 제품으로 겨우내 묵은 각질을 몇 번이나 씻어내다 얼굴에 작은 상처를 내고 말았다.

오래된 호텔은 리뉴얼을 했음에도 전반적으로 차분했다. 노천탕에서도, 로비나 복도에서도 다른 사람들을 마주치는 일은 드물었다. 우리는 저녁 식사 시간이 되어서야 이곳에 함께 머무는 이들을 만날 수 있었다. 평균 연령이 족히 45세를 넘을 것 같은 분위기의 뷔페식당은 늘 그랬다는 듯 번잡함 없이 차분하고 안정적이었다. 그 덕분이었을까, 어떤 재료로 만들어졌는지 알 수 없는 향토색 짙은 음식들에도 엄마는 어색함 없이, 오히려 호기심을 갖고 여유롭게 식사를 즐길 수 있었다.

기대보다 더 완벽했던 온천욕으로 여행 첫날의 피로를 말끔히 이겨낸 다음 날. 벳푸만의 일출과 함께하기 위해 이른 시간 노천탕 문을 열었다. 아직은 농밀한 어둠, 점점이 떨어지는 비를 맞으며 날이 밝지 않은 고요한 바다를 바라보았다. 날이 흐려 일출은 보지 못했다. 하늘과 바다의 경계가 모호한 시간은 그 어떤 아침보다 평안하고 오래 지속됐다.

하루만 머물기 아쉬웠지만 예정대로 카이힌스나유海浜砂湯*로 이동했다. 다섯 명 정도만 들어가도 꽉 차는 정말 작은

* 벳푸 해변에 위치한 노천 모래찜질

탈의실은 방금 모래찜질을 끝낸 사람들과 이제 시작하려는 사람들로 가득했다. 서로 몸을 부딪치지 않으려 신경쓰며 옷을 갈아입고 머리카락에 모래가 들어가지 않도록 꼼꼼하게 헤어캡을 썼다.

손에 쥐면 금세 손가락 사이로 빠져나갈 만큼 고운 모래가 뜨거운 온천 열에 데워져 몸 위에 쌓이니 그 무게감이 새로웠다. 입관 체험이 이런 건가 싶기도 하다가, 어느새 촘촘하게 덮인 뜨끈한 모래에 아늑함이 밀려와 노곤해졌다. 유케무리 저편에서 쌓이던 노곤함과는 사뭇 다른.

한낮의 태양은 노란 우산이 막아 주었다. 그늘에 누워 잔잔한 파도 소리를 듣는 건 물 안에서 즐기는 부드러운 온천욕과는 또 다른 느낌이었다. 15분이 지나고 심장에서 가장 먼 발가락과 손가락부터 꼬물꼬물 움직여 온몸을 덮고 있던 모래를 차례차례 걷어냈다. 간단히 모래만 씻어내야 할 것 같은 작고 오래된 목욕탕에 들어가자 그 공간이 또 매력적이었다. 샤워만 하려 했는데 어느새 둘만 들어가도 꽉 차는 작은 탕에서 온천욕을 하고 있었다.

벳푸 시내에는 여덟 곳의 크고 작은 온천을 다니는 '벳푸 지옥 온천 순례'라는 게 있다. 수질과 성분에 따른 다양한 온천을 눈으로 코로 그리고 입으로도 느낄 수 있는 곳이다. 그중 한 곳은 바다색을 닮은 온천 물색 때문에 우미지고쿠海地獄, 바다 지옥이라는 이름이 붙었다. 과연 에메랄드 빛깔의 표면이 어느 휴양지 바다를 연상시키지만, 무려 98℃에 달하는 열탕이다. 쉼 없이 뿜어내는 하얀 수증기에 가려 보일 듯 말 듯, 지옥이라는 말이 무색할 만큼 신비롭고 아름답다.

여덟 곳의 지옥 온천 중 한국인 관광객을 가장 많이 만나는 곳은 가마도지고쿠かまど地獄, 가마솥 지옥이다. 온천 증기로 수호신에게 공양할 밥을 지었다는 유래가 있다. 담뱃불을 이용해 온천 수증기가 갑작스럽게 많이 분출되는 작은 쇼를 진행하는데, 증기에 연기나 타고 있는 물질이 닿으면 증기량이 배가 된다고 한다. 늘 단체 관광객들이 있는 곳이라 여기저기서 가이드의 설명을 엿들을 수 있었다.

담뱃불로 온천 연기가 피어오르는 과정도 신기했지만

진행 가이드의 멘트도 즐거움이었다.

"대~단하네~, 훌~륭하네~"

앞말과 뒷말의 "네"를 길게 늘이는 말투를 엄마와 나는 규슈 여행 틈틈이 유행어처럼 따라하곤 했다.

한 모금 마시면 10년 젊어진다는 온천수 시음은 물론이거니와, 온천 달걀과 탄산음료인 라무네ラムネ, 족욕, 어느 것 하나 그냥 지나칠 수 없었다. 무엇보다 지옥 온천을 나오는 길목에서 파는 온천물로 찐 샛노란 옥수수가 핵심이었다. 이 지역 옥수수가 원래 단 것인지 온천의 열기 때문인지 아니면 감미료 뉴슈가를 첨가한 건지 확인할 길은 없지만, 몹시 달고 연했다.

벳푸 맛집, 작지만 매력 많다는 벳푸 시장에도 들르지 못하고 유후인으로 출발해야 할 시간이 되었다. 기타하마 정류장에서 유후린*을 기다리며 벳푸 시내를 바라보았다. 도시의 상징을 자처하는 높은 타워와 전망대

---

* ゆふりん. 벳푸와 유후인을 연결하는 버스

는 벳푸에서만큼은 예외인 듯했다. 낮게 자리 잡은 건물들 사이에서 대형마트 유메타운의 유니클로와 도키와 백화점 1층의 스타벅스가 시대를 가장 많이 따라잡은 느낌이었다.

단체관광객들이 많이 오는 곳이라 왁자지껄 소란스러울 것이라 생각했지만, 벳푸 거리엔 지방 소도시 특유의 한적하고 유유자적한 느낌이 살아 있었다.

"엄마 유후인 도착해서 송영버스 타기 전에 고로케도 사고 롤케이크도 사자. 아, 편의점에 들러 맥주도 좀 살까? 번화가랑 떨어져 있어서 한 번 들어가면 나오기 힘들어. 벳푸에서는 일식 위주로 먹었다면 유후인 식사는 프렌치식으로 나오고 아무튼 벳푸랑 좀 다를 거야. 벳푸가 바다라면 유후인은 숲?"

"그래. 어쨌든 우리는 종일 온천하면서 쉬는 거지?"

엄마는 눈앞에 보이는 지금 시간을 그대로 즐기는 것만으로도 충분한 것 같았다. 이것이 우리 여행에서 엄마의 역할이기도 했다.

어릴 때는 몰랐다. 엄마가 참 힘들고 외로웠다는 것을.

딸이라 엄마 옆에서 이것저것 같이 하는 시간이 많았음에도. 아내이자 며느리로서의 수고, 나와 동생에게 늘 좋은 것만 해주려던 마음. 엄마는 여전히 애쓴다. 엄마가 이제 가족들을 위한 수고를 덜 했으면 하는 마음이 크지만, 사실 엄마에게 가장 많이 기대는 건 나다. 그래도 엄마가 나이가 들며 막내 기질을 은근히 보여줄 때면 이제 내가 보호해야 할 차례라는 걸 느낀다. 외롭지 않게 많은 시간을 같이 보내야지, 더 애틋해진다.

"내년에도 이렇게 온천하자. 또 어디가 좋니?"

규슈 여행이 아직 반도 채 지나지 않았는데 엄마는 벌써 다음을 기대한다. 나는 엄마가 무엇을 좋아하는지 이로써 하나를 더 알게 되었다. 벌써 내년 겨울 여행 준비가 시작되었다.

유후인으로 향하는 버스 안, 여전히 힘차게 솟아나는 하얀 유케무리에 시선이 옮겨진다.

자연이 만들어 내는 멋진 경관과 온천, 그리고 그 속에서 조화를 이루는 인간의 문화. 편견 때문에 지레 벳푸를

회피했던 섣부름이 부끄러워졌다. 그런 편견이 없던 엄마는 나보다 빨리, 그리고 더 순수하게 벳푸의 온천물에 몸을 담갔을 것이다. 하지만 나 역시 따뜻한 물에 언 몸을 녹이는 간단한 수고만으로 한동안 얼었던 마음을 회복할 수 있었다.

이른 봄을 알리는 동백꽃이 피고 뜨거운 한낮 태양에 겉옷을 절로 벗게 하는 벳푸의 1월. 온 마을은 온천을 향하고, 우리는 그 길을 따라 잠시나마 봄을 거닐었다.

녹나무 그늘 아래의 나와 순환선 위의 여자

이주호

"인생은 왜 멀리 가야 하는 거라고,

먼 곳에 닿아야 한다고 말해지는 걸까."

순환의 시작

무릎에나 닿을까, 성당 모래 마당 한가운데 봉긋한 화단이 보인다. 화단은 돌담에 둘러싸여 있고, 한 남자가 돌담 둘레를 걷고 있다. 화단 중심엔 커다란 녹나무, 나무 둥치가 두 아름이 넘을 듯하다. 나무 가까이로 시야를 좁혀 가자, 또박또박 발자국을 새기며 천천히 나무 주위를 돌고 있는 남자는 나다. 늦은 봄날 저녁, 녹나무 그늘이 내 발등을 덮고 있고, 나는 무심코 '그림자가 아직 나무를 떠나지 않았군.'하고 말한다. 그러자 종소리가 울린다. 표면이 거친 살구색 대리석 건물은 이끼와 시간의 먼지가 덧대어져 군데군데 잿빛이 되어 있다. 위를 올려다보면 종이 걸려 있는 첨탑이 햇살 안에 갇혀 반쪽만 드러나 있다. 그제야 나는 내가 누군가의 장례식에 와 있다는 것을 안다. 다시 종소리에 생각이 미치면, 그 종을 울리고 있는 사람이 어쩌면 나일지도 모른다는 생각을 해 보다가, 잎사귀 사이로 섞여드는 햇살에 눈이 부셔 다시 걸음을 뗀다. 걸으면서 말한다.

'어쩐지 나는 늘 같은 장소를 맴돌며 사는 것 같아.'

바람에 녹나무 잎사귀가 부대낀다. 나뭇잎 부스럭거리는 소리가 점차 커지고, 그 소리에 묻혀 조문객들이 부르는 성가가 드문드문 들려온다. 가사는 공기에 뭉개져 또렷하지 않지만 분명 내게도 익숙한 노래다. 나는 걸음을 멈추고 성당 입구를 바라본다. 성당 입구엔 하얀 드레스를 입은 여자가 서 있다. 그 옷이 장례식 예복이란 건 틀림없다. 나는 빛의 베일로 흐릿하게 얼굴을 가린 여자를 바라본다. 그리고 그때 이건 꿈이라는 걸 알게 된다. 여자는 성당 입구 아치 기둥에 기대어 서 있고, 여자의 뒤로 여닫이문이 한쪽만 열려 있다. 성당 안은 캄캄해서 보이지 않는다. 나는 여자와 눈이 마주친다. 성가가 그치자 종소리도 그친다. 이 상실감은 어디서 오는 걸까. 저 어두운 공기 안에 누워 있는 누군가? 아니면……. 입구에 서 있는 여자가 내 쪽을 바라보고 있다. 어쩐지 뜻 모를 죄책감이 느껴진다. 아침이다.

당분간의 연장선

다음 달까지 만들어야 하는 책, 브로슈어, 잡지로 일이 밀렸다는 말과, 디자인 리뉴얼을 위해 자료를 구하러 가야겠다는 말 뒤에 후쿠오카 출장이라는 숨겨 놓았던 가닥을 풀어 놓았을 때, 누구도 우리가 정말 할 일이 많다는 말을 곧이듣지 않았다. 그럴 거라 생각은 했다. 마감이 얼마 안 남았다며, 진짜 바쁘면 그 시간에 일을 하겠지. 이런 게 상식적인 반응이었다. 그런 대꾸에는 군말 없이 수긍할 수밖에 없었다. 뭔가 막혔다는 기분, 활로가 있으면 하는 생각이 간절하더라도 그걸 실현하기에 적절한 시기는 아니었다. 일이야 해오던 방식대로 때맞춰 마무리만 하면 그걸로 불평할 사람은 없었다. 인쇄물 자료를 납품하는 일이 해외 출장씩이나 다녀올 만큼 수익이 남는 일도 아니었다.

발단은 1+1 비행기 티켓이었다. 그것만 아니었으면 그 출장 이야기가 진지하게 오가지 않았을 것이다. 거래하는 디자인회사의 대표가 자신의 신용카드로 결제하면 한 사람 비행기 값을 아낄 수 있는데 (여기서 나는 떠나는 쪽으로 마음을 굳혔다) 이참에 일본의 서점들을 돌아보고 싶다, 사실 이번 기회를 놓치면 자신은 언제 또 혼자 여행을 가볼 수 있을지 막연하다, 그러고도 말은 계속되고, 나는 그의 말 저편에서 집과 사무실에 전할 유서가 될지 선전포고가 될지 모를 말들을 조합해 보고 있었다. 그나 나나 우리가 나이 들어간다는 것, 언제까지 업계에 남아 있을 수 있을는지, 이런 출장이 당분간의 연장에 가느다란 계기가 되어 주었으면 하는 내심은 있었다. 하지만 그건 어디까지나 비행기 탑승이라는 당면한 난제 이후에나 떠올려 볼, 약간은 계산된 진심이었다.

첫날 아침 일찍 후쿠오카에 도착해 서점에서 잡지와 단행본을 구입한다. 여기까지는 출장. 그리고 밤에 맥주를 마신다. 둘째 날, 백화점이나 쇼핑몰을 다니며 전단, 브로슈어를 모은다. 그리고 환송의 밤이다. 다음 날 디자이너는 집으로 가고 나는 다른 도시로 갈 것이므로. 그가 디자인 시안을 보내올 때까지 나는 할 일이 없었다. 시안이 오면 이 부분은 밀자, 여기는 꼭 이래야 하는 거냐, 본문이 안 산다, 어떻게든 시빗거리를 만들 것이고, 그는 수궁하는 척 듣고 있다가 마감 때가 임박하여 별일 않고 뭉개고 있던 티가 나는 교정지를 보내올 것이다. 그러면 치명적이지 않은 선에서 오타가 틈틈이 박힌 인쇄물이 탄생한다. 그리하여 이 출장에는 클라이언트, 바이어, 거래처, 파트너, 우리를 기다리는 어떤 사람도 없었고, 행사도, 약속도, 정해 놓은 갈 곳도 없었다. 둘만 있는 자리에선 출장이란 말을 꺼내기도 상당히 겸연쩍었다.

후쿠오카 호텔 방에 짐을 굴려 넣자마자 우리는 츠타야 서점 세 곳과 무지북스^{MUJI books}, 뜬금없는 장소에 갑작스레 나타나는 동네 서점 네 곳을 돌아다니며 20여 종의 잡지와 다섯 권의 단행본을 샀다. 서점과 서점을 잇는 길에 백화점과 쇼핑몰, 레코드, DVD 판매점을 들러 브로슈어, 포스터를 긁어모은 뒤에는 어쩔 수 없이 이것들을 넣고 다닐 가방 하나를 새로 샀다. 짐을 나눠 들고, 어둑해진 텐진역 뒤 상점가를 걸었다. 그리고는 사실 여기까지가 빌미였다는 걸 순순히 시인하듯 솔라리아 백화점 뒤 기린 맥줏집으로 들어갔다.

자판기에서 술과 요리 티켓을 끊어 주방에 가져다주고 직접 가져오는 곳이었다. 테이블로 음식을 가져 왔다고 해서 그럼 이제 편히 마셔볼까 하는 생각은 할 수 없었다. 서서 마시는 곳이었다. 전갱이구이, 고등어 초회, 도미회, 기린 맥주 1000cc 두 잔. 말로 늘어놓으니 푸짐한 한 상 같지만, 앞접시보다 작은 접시에 담겨온 음식은 두 사람이 의좋게 서두르지 않아야 맥주 반 잔을 비울 때까지 남아 있을 듯했다. 우리는 의리도 호의도 크지 않았고, 주변 사람들이 왜 둘이 여행을 가냐, 괜찮겠냐 걱정을 할 정도로 각별하지 않은 사이였다. 각자 몇 번이고 수고를 들여 300엔, 500엔 하는 요리 접시를 가져다 날랐다. 우리는 심지어 정해진 시간에 인천공항에서 만났으면서도, 비행기 발권을 따로 하고 서로 어디 앉아 있는지도 모른 채 후쿠오카 공항까지 날아왔다. 호텔 체크인도 각자 했다. 우연히 같이 들어온 사람인 양 약간의 시차를 두고.

자신이 디자이너라는 사실을 강조하고 싶었는지, 내일은 서점에서 디자인 책들을 좀 더 자세히 살펴야겠다, 오늘 내가 있어서 집중하지 못한 부분을 보충해야겠다, 들려오는 말들은 들은 척 만 척한다. 그런다고 새삼 디자이너로서의 전문성을 높이 사주게 되거나 그에 대해 다시 생각해 보는 일은 없을 거라는 걸 정말로 모르고 하는 소리인지. 어떻게, 내일 서점에 같이 갈 의향이 있으신지? 그가 물었다. 없어요. 내게 필요한 자료와 취미 거리는 오늘로 다 되었다. 지고 다닐 무게를 늘리고 싶지 않고, 그의 짐을 나눠 들어 주는 배려도 오늘로 충분하다.

"이제 어디 가서, 앉아서 한 잔 더 하는 게 어떻습니까?"

먹고 쌓아 놓은 접시가 몇 개인데 겨우 1000cc 한 잔으로 돌아선다고?

"한 잔은 더 해야지요."

그리고 자판기로 가서 맥주 두 잔 티켓을 뽑았다. 각별하진 않아도 술값, 밥값까지 치밀하게 계산해서 나누는 사이는 아니었기에 아까 그가 준 5000엔에서 남은 돈으로 계산했다. 그는 나보다 열 살이 많았고, 몸무게가 20kg이 더 나갔다. 그 무게에 보태진 근육이 어느 정도인지 일반의 육안으로는 감별되지 않는다. 맥주잔을 건네

주며 테이블에 기대선 그를 보니 어딜 가서 앉긴 해야겠구나, 측은한 생각이 들기도.

"전갱이가 참 맛있네요. 이것도 하나 추가해 주시면 안 됩니까?"

"안 될 게 있나요. 동전도 많이 남았는데."

나는 그 앞에 전갱이 튀김 접시를, 내 앞에는 고등어 초회 접시를 올려놓았다.

"이것도 하나 드셔보세요."

"저 튀긴 음식 안 좋아하잖아요."

사실이었다. 나는 볶고 조리고 튀긴 것보다 생으로 먹는 걸 좋아하는 입맛이라고, 나를 그런 식으로 정의하고 살아왔다.

"그랬습니까? 에이, 우리가 쿠시카츠 집에서 만난 게 몇 번인데요."

그것도 사실이구나. 쿠시카츠도 튀김인데 왜 그의 전갱이에 거부감을 보였을까. 뭔가, 난처한데.

"내일 어디 갈지는 정했습니까? 후쿠오카 시내에 있을 건가요, 다른 도시를 가 볼 건가요?"

"생각해 봐야지요. 자기 전에 지도 보면서……."

"히타日田라는 데 아십니까? 유후인 가는 길에 있는 작은 도시인데, 거기도 온천이 유명하긴 하지만, 소교토라고, 일본에는 작은 교토라 불리는 도시들이 몇 있어요. 가나자와金沢, 야마구치山口 그런 도시들인데, 히타도 그중 하나에요. 히타에 마메다豆田 거리라는 데가 있는데, 거기가 관광 중심가거든요. 아주 예뻐요. 거기 한 번 가 보시는 게 어떻습니까?"

"가보시고 말씀하시는 거지요?"

"아니요, 가보지는 못했습니다."

"그럼 직접 가보시지요?"

"아니, 나는 자료를 더……."

"가나자와는 제가 말씀드렸던 곳 같은데요?"

"아, 그렇습니까?"

우리는 시간을 들여 나머지 한 잔을 깨끗하게 비우고, 미쓰코시 백화점 뒤편 길을 맥락 없이 꺾어지며 호텔을 향해 걸어갔다. 중간에 꼬칫집 한 곳과 해산물 이자카야 한 곳에 들러 사케 몇 잔, 맥주 몇 잔을 마셨다. 그리고 각자 방으로 올라가 짐을 두고 샤워를 한 뒤 밤 10시 로 비에서 다시 만나기로 했다.

종점이 목적지가 아니란 걸 알았을 때

밤의 여로는 나카스^{中洲} 강변을 향한다. 후쿠오카 여행, 같은 출장에서 가장 공들인 일정이 남아 있었다. 포장마차 나들이 본격 돌입에 앞서 나카스강 다리 난간에 기대서서 버스킹 공연을 보며 소화를 시키는 것도 좋을 것 같았다. 아주 잠시, 훈훈한 강바람을 베고 나긋한 기타 소리를 들으며 졸고 있었다. 살갑지 않은 관객들이 중간중간 끼어들어 추임새인지 조롱인지 모를 몸짓으로 자기들끼리 깔깔대다가, 기어이 한국 노래 아느냐, 두유 노우 코리안 송, '강남 스타일'은 알겠지, 그래, 그래 강남스타일. 하반신 전부가 비눗방울이 된 인어공주의 심정이 되어 회피하듯 포장마차 거리로 들어섰다. 시내 한가운데, 그것도 깨끗한 강변에 포장마차 거리가 있다면, 거기 말고 붐빌 데가 어디 있겠는가. 자리가 없었다. 왜 이렇게 비싸, 하는 또 그 익숙한 언어가 들려왔지만, 포장마차라는 데가 원래 싼 곳이 아니라는 말을 비눗방울에 실어 보내며 침묵 속에 호텔 쪽으로 걸었다. 포장마차는 그 근처 미쓰코시 백화점 앞에도 있었다.

대부분이 라멘을 파는 곳이었고, 두 곳 정도가 주점다웠으나 그곳에도 자리는 없었다. 언제까지든 기다려 보기로 하고 대기 손님이 없는 야키소바 가게 앞에 줄을 섰다. 하지만 주인이 우리가 두 명이라는 것을 확인하고, 무례하고도 거침없이 다른 손님들을 몰아붙여 두 사람 자리를 만들어냈다. 혼자 온 남자 하나가 포장마차의 요리 공간으로 들어가 우리와 마주 보며 앉게 되었다. 요리하는 철판 옆이라 미숙련 주방보조처럼 보이기도 했다.

우리는 그 처량한 남자와 나란히 앉아 있던 세 명의 여자들에게 자리를 양보해 줘서 고맙다는 인사를 하고, 야키소바 하나와 에비스 맥주 세 병을 주문했다. 어디서 왔느냐, 한국인이냐, 당신은 어디서 왔느냐, 우리는 교토 근처 오쓰大津에서 왔다, 아 거기는 비와 호수琵琶湖가 있는 곳이 아니냐, 그렇다, 나는 그곳 이시야마데라石山寺를 좋아한다, 정말? 오쓰를 아는 한국 사람이 있다니, 우리는 내일 사세보 온천으로 갈 건데 당신은 어디로 가냐, 주섬주섬. 그녀들의 튀김 안주로 맥주를 함께 마셨다. 나의 마음은 디자이너가 가보지도 않고 권한 히타가 아니라 사세보로 기울었다. 낯선 여인들과 온천행이라니, 괜찮을까? 야키소바가 나오자 그녀들은 자기들 빈 접시를 내밀며 덜어 달라 했고, 우리는 얼른 맥주를 두 병 더 시키고 다섯 개의 잔을 채워 열렬하게 건배를 나눴다. 다들 배가 불렀는지 그 열광적인 환호가 무색하게 면과 술이 줄어드는 속도는 지지부진했다.

포장마차의 문제점이라면 역시 화장실이었다. 멀리 텐진 지하상가까지 내려갔다 와야 했는데, 디자이너가 화장실만 갔다 하면 자꾸 길을 헤매는 바람에 포장마차 주인과 옆자리 사람들이 당신 친구 쓰러진 거 아니냐, 괜찮은 거냐, 그래서 뭔가 난처한 기분. 걱정까진 안 되었지만, 정말 안 괜찮았을 때 내게 떠넘겨질 무게가 어느 정도일지 익히 예상되었으므로 그의 두 번째 복귀 시점에서 자리를 정리하기로 했다. 아쉽지만, 사세보 잘 다녀오시길. 우리는 편의점에 들러 기린 에일 맥주를 두 병씩 사서 호텔로 돌아왔다.

"한 시간 비행기 타고 온 건데 여긴 서울하고 너무 다르지 않습니까?"

호텔 엘리베이터에 6층 버튼을 누르며 그가 말했다.

"네, 다르네요. 집 떠난 지 열두 시간밖에 안 됐는데."

10층 버튼을 누르며 내가 말했다.

"이거 사 온 거는 같이 마시고 주무시는 게 어떻습니까? 제 방에서요."

"그 조그만 방에서 침대에 나란히 앉아 벽 보고 마시자고요?"

"아니 뭐, 맥주도 있고."

금방이라도 잠이 들 듯 그는 베개 두 개를 포개 상체를 30도쯤 들어 올리고 침대에 드러누웠다. 나는 맥주병을 들고 창가 TV를 등지고 서 있었다.

"저는 요새 디자인을 거의 안 합니다. 사실 꽤 됐어요. 일 배분하고 지시만 하지 실제 일은 장 팀장 같은 젊은 친구들이 알아서 해요. 근데 사실 해서도 안 돼요. 안 먹히니까요. 제가 일 배울 때는 맥^{Mac}도 아니고, 인터넷 연결도 안 되는 애플 컴퓨터로 쿼크라는 프로그램을 썼거든요. 요즘 친구들은 다들 인디자인을 하는데, 사무실에서 쿼크를 쓰는 사람이 저 혼자예요. 이 둘이 호환이 안 되니까 일을 같이할 수도 없어요."

"인디자인을 배우시지요, 이참에."

"이 나이에 새로 배운다고, 그걸로 디자인을 잘 할 수 있을까요?"

"하긴 대표가 일선에서 마우스를 잡아야 할 규모는 아니긴 하지요. 지위에 따라 역할이 있잖아요."

"그건 알지만, 밀려난다는 기분이 자꾸 듭니다. 늙었다는 걸 인정 안 하는 건 아니에요. 그래도 쓸쓸하고 허무하고 한 걸 어쩌겠습니까."

"디자인을 하세요. 못했다고 누가 자를 것도 아니고. 제가 기회를 드렸다 생각하시고 저희 디자인은 무료로 해 주세요. 일종의 실버 수업료지요."

"이건 좀 창피한 얘기입니다만, 사실 전혀 안 하는 건 아니에요. 거래처에 시안을 보낼 때 하나만 보내지는 않을 거 아닙니까? 보통은 전담하는 디자이너가 두세 개 해서 보내는데, 좀 큰 건인 경우에는 몇 사람이 각자대로 해서 더 끼워 보내요. 그때 제 것도 그 사이에 넣어서 보내는데."

"거론조차 안 되던가요?"

"네. 직원들 보기 민망해서, 참…… 이거 아니면 이거하고 최종 후보를 고를 때, 제 건 아예 제쳐놓고."

"월급 계산 잘하세요. 견적 잘 뽑으시고."

"그래야겠지요? 아무튼 시간 빼서 같이 이런 데까지 와주시고, 고맙습니다. 저 아니었으면 더 재밌게 지내셨을 텐데. 아까도 그렇고."

"아까 뭐요? 포장마차요?"

"네."

"그럴 리가요. 저도 화장실이 급했어요."

방으로 돌아와 샤워를 하고 방금 걸어온 도로가 내다보이는 창가에 이마를 대고 서서 남은 맥주 한 병을 마셨다. 아마 그는 그 자리에서 일어나지 못하고 바로 잠들었을 것이다. 맥주가 반은 남았을 텐데 엎지나 않았을지. 그리고 내일은 어디에도 못 가고 호텔 방에 앓아누워 종일 물만 마실지도. 저녁에 다시 만나기로 한 약속은 취소해야겠다 생각하면서.

서울에서 한 시간 비행. 나는 몇 번이고 몇 번이고 되풀이해서 말하고 싶었다. 여긴 정말 다르네요. 도시 모습도, 서점도, 책도, 공기도, 마주치는 사람도. 이국적인 게 뭐가 됐든, 지금까지 내가 살아온 모습이 어떠했든, 여기 이국에서라면 조금 나은 사람으로 살아갈지도 모르겠네요.

살아왔던 그곳만 아니라면 순환이 아닌 직선 주로를 내달리듯 살게 될지도 모른다. 하지만 어쩔 수 없이 원래 있던 자리로 돌아갈 테지. 그리고선 곧장 질주하는 삶 같은 건 내 삶이 아니라는 데 익숙해질 것이다. 나이 든다는 게 그런 걸지도, 그래서 자연스레 밀려나는 걸지도. 아니, 처음부터 밀려나 있었던 건가? 그래도 여긴 정말 이국적이네요, 그곳에서 나를 뭐라 하든, 오늘 밤엔 그 말밖에 못 하겠군요.

동경과 낭만의 이면

넓은 모래 마당에 커다란 녹나무가 서 있는 성당이었다. 성당 안에서 벌어지는 일들은 나에게 커다란 상실감을 주고 있었다. 어떤 종류의 상실인지는 시간이 흘러도 떠오르지 않았다. 막연히 회복하기 힘든 결정적 상실 같다는 느낌뿐이었다. 나는 어째서 성당 안으로 들어갈 수 없었던 걸까? 결정적 장면에 다가가지도 못하면서 왜 녹나무 주위는 또 그렇게 맴돌고 있었을까? 나는 이전까지 녹나무를 본 적이 없었다. 녹나무와 녹차나무가 같은지 다른지조차 모르고 살았으면서 난데없이 녹나무라니. 녹나무라는 단어가 내 인생에 직접적으로 등장하게 된 계기가 바로 그 꿈이었다. 그러면서도 녹나무 사진을 찾아볼 생각은 하지 않고 살았다. 내 인생 간만의 신비가 돌연 깨져 버릴 것 같아서. 따져 보면 성당부터가 그렇다. 어릴 적 교회에 다닌 적은 있지만 성당 장례식은 또 뭔가. 의미는 무슨, 꿈을 깨라 염불을 외며 꿈같은 나날과는 매우 동떨어진 생활 속을 저벅저벅 배회했다.

3000년 된 녹나무가 있는 도시라고 했다. 1300년 역사의 온천 지역이라기도, 공공도서관이 가장 유명한 관광지인 도시라고도 했다. 3000년의 수령, 1300년을 지치지 않고 뿜어댄 온천, 인구 5만 도시에 연간 이용자 수 100만인 공공도서관. 뭔가 많이도 과장된 이야기가 넘치는 도시였다. 그래서 기차를 탔다. 하카타역에서 다케오武雄온천역까지 한 시간, 과장된 이야기의 진위는 그다지 궁금하지 않았다. 커다란 녹나무가 보고 싶었다. 신비로운 안개에 휩싸여 정신을 잃었다 깨어나니 어느새 기저귀 같은 훈도시만 걸치고 온천탕 아궁이에 석탄을 퍼 넣고 있더라는 진행이었대도 원망하진 않았을 것이다. 하지만 나는 영적인 능력은 고사하고 예감, 직감 같은 것도 신통치 않았다. 구름을 보면서도 비가 올지 안 올지 판단이 안 서 우산을 들고 나와서, 들고 나오지 않아서 항상 낭패였다. 녹나무 사진 같은 예사로운 스침은 다 마다하였으니, 이런 걸 운명적 대면이라고만 해 두자. 나무 주변을 배회하다 보면 내가 무엇을 상실해 왔는지, 어떤 기억을 떠올리고 싶어 했는지 퍼뜩 깨달음의 순간이 오게 될지 몰라. 그러니까 그저 나무 한 그루를 보겠다고 가는 길이었다.

역에서 온천까지는 과장할 것도 없는, 적막하고 황량한 지방 도시의 모습이었다. 마을 좁은 도로에서 경차들을 간간이 마주쳤을 뿐 10분 넘도록 하차 이후의 사람을 만나지 못했다. 목욕탕 같은 온천들, 쇠락한 온천 호텔들. 아무도 사 갈 것 같지 않은 기념품 가게는 그나마 문도 열지 않았다. 일본이라고는 믿기지 않게 보도 사진 속 한 세대 전 중년 여성들이 입었을 듯한 부인복을 파는 양장점, 이제 한국에도 거의 남아 있지 않은 체육사. 내부는 다들 컴컴했다. 정갈한 길바닥, 출입구 앞, 거기에 덧입혀진 간장 냄새, 먼지 없는 하늘, 푸릇한 공기 냄새. 나는 왜 여기서 설레려고 하나. 그리고 온천 마을 입구의 빨간 누문.

온천탕에 들어가 본격적으로 습한 땀을 흘려보내면 해묵은 악감정 같은 것들을 떨쳐버릴 수 있을 것 같았다. 하지만 고조되어 가는 기분과 달리 다시 이 마을에 오게 될 것 같지는 않았다. 이 정도의 풍경은 허다하게 품고 있는

일본이었고, 쇠락과 안정의 묵은 향기는 되도록 새로운
장소에서 맡는 게 좋았다. 지난 시절의 풍경은 동경처럼
아릿하지만 내가 그 안에 머문다고 생각할 때 느껴지는
지루함과 도태는 때 이른 패배감 비슷했다. 돌아가고 싶
은 과거가 없다는 생각을 하고 살아서일지도 모른다. 녹
나무 뿌리 아래 신비한 통로를 지나 과거 어느 때에 다시
놓인다 해도 나는 또다시 무력한 성장을 되풀이하고 말
것이다. 흉포하고 폐쇄적인 학교, 억압, 몰이해. 치를 떨
던 어느 것 하나 넘어서거나 부정하지 못한 채 지금에 이
를 날을 고대하겠지.

　온천 마을을 떠나 다시 처음의 철로 아래를 지나 교자
회관. 일본에 와서 '앗! 라멘집이다.'라니. 매우 덩그러
니 있는 모습에 문 앞을 서성이다 밖으로 나오던 손님과
마주 서고 말았다. 문을 닫아야 하나 말아야 하나 어정
쩡한 쌍방 응시. 라멘을 먹고 싶지도, 배가 고프지도 않
았다. 머리에 흰 수건을 두르고 위아래가 붙은 작업복을
입은 사내가 "오~쓰!"할 때의 다부진 입 매무새로 문손
잡이를 넘겨주기에, 그럼 할 수 없지요, 아는 사람이 결

혼 당사자뿐인 피로연장에 앉아 밥을 먹는 기분으로 국물을 삼켰다.

흰 종이에 남겨진 사인들이 벽과 카운터에 가지런했다. 지금은 학교를 마친 어린아이, 아이들의 엄마, 동네 할머니들, 작업복 차림의 스포츠머리 사내들뿐이지만, 유명한 사람들이 찾아온다 이거지. 예사롭게 넘기고 싶었지만 역시 맛이 있군, 사인을 의식하고 말았다. 저 할머니의 단골 30주년 기념 사인이 아니라고는 장담 못 하겠지만.

쇼윈도 앞에 테이블을 내놓고 한 사내가 스케이트보드를 만지작거리며 앉아 있었다. 그의 옆에는 애인인 듯한 여자가 아이폰을 쳐다보고 있었고, 별 얘기 없이 가게 안에서 새어 나오는 노래를 간간이 따라 불렀다. 영어 가사라 호응할 수 있는 부분이 아주 잠시였다. 남자 옷 가게였다. 사내가 보드를 창가에 기대어 놓고 나를 따라 가게 안으로 들어왔다. 그 셔츠는 오사카의 디자이너가 만든 옷을 직접 가서 사 온 거고, 그건 도쿄에서 주문한 거. 대개가 일본에서 만들어진 제품이었고, 사내는 그게 자랑이었다. 나도 그의 안목에 자랑처럼 단추를 여미고 녹나무 관광을 마치고 싶었으나, 가격이 약간 부담이었다. 셔츠 한 벌에 20만 원이 넘어 현금이 부족할 것 같았다. 괜찮습니다. 예상외로 그가 아이패드에 신용카드 단말기를 연결했다. 급격히 당이 떨어지는 현기증을 가까스로 참아내며 돌아가는 길에 다시 들르겠다고 했다. 저녁 무렵 다케오 스케이트보드 크루들이 역 앞을 막고 서서 셔츠와 카드 결제기를 들이밀며, 내 이럴 줄 알았어, 그러면 어쩐다.

벌판 같은 도시 한 가운데, 행인도 없는 동네에 사인지가 붙은 라멘집과 맵시 나는 남자 옷가게가 있다. 멋진 여자 친구와 나른하게 오후를 즐기는 사내. 1300년 된 온천에서 목욕을 하고 나와 라멘을 먹고 간 유명인. 이 도시 어딘가 매우 생활 수준이 높은 비버리 타운이 있다고 누군가 말해 주었다면 철썩같이 믿었을 것이다. 그곳에 사는 청년들이 저녁마다 보드를 타고 이 가게 앞에 모여 "오늘 켄 짱의 옷깃에서 다이칸야마가 느껴져." 환담을 나누다가 보드 위에서 발을 구르며 온천 마을로 미끄러

져 가는 광경을 그려본다. 녹나무까지 남은 시간 10분.

녹나무 그늘 아래의 나

3000년을 살며 30m를 자라난 녹나무. 자연의 변화를 견디며, 때로 병들고 시들며, 인간의 역사를 함께 견디며. 그 장대하고 더딘 목숨. 어둑한 오솔길, 완만한 오르막을 에워싸는 대나무 숲. 숨이 파랗게 쉬어지는 것 같다. 햇살은 댓잎 사이 작은 틈새로만 비쳐든다. 잎사귀마다 가파른 바람이 스쳐 가고, 주변은 온통 나뭇잎 부대끼는 소리, 조곤조곤 오가는 발소리. 오르막 끝, 대나무 숲이 더 이상 다가오지 못하도록 별안간 길 한가운데를 막아서는 거대한 녹나무. 나무 둥치 아래 커다란 구멍이 뚫려 있다. 그 안에 깃들었다 가는 생명들, 바람, 혹은 신령할지 모를 나무의 기운. 세상 표면의 바로 한 꺼풀 아래만이라도 볼 수 있다면. 나무가 자아내는 엄숙한 공기, 거대한 형체 앞에 어찌할 바 모르고 움츠러드는 작은 육체, 내 40년의 봄. 3000년의 생명이란 이토록 엄숙하다. 나무에 더 이상 다가가지 못하도록 막아선 울타리를 따라 이 끝에서 저 끝으로 왔다 갔다 하며, 그랬던 말이지, 경이로움을 나누고 싶지만 상대가 나무뿐이다. 극도로 묵묵한 나무라 안내판만 몇 번이고 마주한다.

나무가 뿜어내는 영기를 느끼는 사람들과, 영험의 전달을 믿는 사람들이 나무 앞에서 손을 모으고 고개를 숙였다. 이곳에서 빌 것은 장수뿐이겠지만, 백 번이고 그래야 할 것 같다. 시간이 많다는 건 또 기회가 있다는 거니까. 한 번에 살아낼 수 없는 사람은 두 번, 세 번, 기회라도 있어야 하는 거니까.

나의 꿈속 녹나무를 이해할 만한 실마리는 살랑살랑 손끝을 흔들어주지 않았다. 직접적인, 혹은 비유적이더라도 이제 돌아가서의 삶을 변화시킬 만한, 아니면 지금껏 걸어온 길에 확신을 가져도 될 만한 전언은 마음에 새겨지지 못했다. 나 자신에 대한 확신도, 새 길에 대한 지침도 얻지 못하고 녹나무 그늘 아래를 떠났다. 3000년의 생명, 죽은 뒤에도 저 모습 그대로 3000년은 버틸 듯한 생명체가 등 뒤에 있었다. 거대한 그림자를 드리우고, 삶은 대체 어디로 가는 건지 묻는 사람들에게 꼭 어딘가로 가야 하는 건지 되묻는 듯, 그 자리에 서서. 후련했다. 계시 없이, 예정 없이, 나는 그저 내게 남겨진 생명을 한적하고 꼿꼿하게 살아가면 되는 것이다.

다케오 도서관에서 커피를 한 잔 마시고, 다케오온천역으로 갔다. 셔츠와 카드 단말기를 든 스케이트보더들과 역 앞에서 대치하는 파국은 피했다. 나란 사람, 강인한 인상을 주었던 거구나.

각자만의 속도

하카타역에서 후쿠오카 기온 거리를 지나, 나카스강을 건넜다. 호텔에 도착하자 여섯 시가 조금 못 된 시간이었다. 샤워를 하고 30분 정도 잠을 잤다. 꿈도 예언도 없는 깨끗한 쉼표의 순간이었다.

7시, 약속한 시각이 되어 확신 없이 로비로 나왔다. 충혈된 눈에 방금 샤워를 한 듯한 모습으로 중년의 한 남자가 흐물거리고 있었다.

"후쿠오카 시내에도 온천이 있다는 거 아셨습니까? 몸을 담갔다 나오니 좀 낫네요."

"할 일은 좀 하셨나요?"

"서점 몇 군데 갔다가, 와이프랑 아들 선물을 사려고 캐널 시티에 갔다 왔어요."

"한국에서였으면 꼼짝도 안 하셨을 텐데, 애쓰셨네요."

"네, 겨우겨우. 그래서 히타는 갔다 오셨습니까?"

"다케오요."

"히타가 아니고요? 다카, 뭐라고요?"

"일단 기린으로 가시지요. 얘기는 서서."

"앉는 데로 가면 안 되겠습니까?"

그는 커다란 맥주잔을 질렸다는 듯 내려다보았다. 한숨을 쉬며 전갱이 튀김을 한 입 먹고 잔에 손을 대길 망설였다. 하지만 막상 입에 대니 거북하지 않게 한 모금을 넘겼다.

"이게 또 넘어가네요."

"오늘은 남다른 수확이 있으셨나요?"

"좋았어요. 평소에 무인양품 하면 어떤 이미지가 떠오르십니까?"

"싼 줄 알고 갔더니 비싸더라."

"아니, 그런 거 말고요. 보통 심플하다, 단순하다 그런 대답이 나와야 정상 아닙니까? 무인양품 광고하고 디자인의 정체성을 담당하는 디자이너가 하라켄야原研哉입니다. 한국에서도 흑백의 단순한 책표지가 유행하지 않았습니까?"

"그래요, 얼마 전 그런 디자인을 한 번 내시지 않았던가요?"

"아……! 그랬지요. 약간 참고를 했지요."

"표절에는 못 미쳤지요."

"그건 아닙니다. 그렇게까지는 절대 아니에요. 다 나름 저희의……. 아무튼, 오늘 캐널 시티를 갔는데 거기도 무지북스가 있더라고요. 무인양품의 숍인숍이었는데, 자기네 디자인과 제품 철학에 맞는 책들을 주로 비치해 놓았어요. 책이야 당연히 좋았지만, 공간도 정말 좋더군요. 거기서 원두커피를 파는데 100엔이에요. 커피를 마시면서 책을 고를 수도 있어요. 에티켓이 까다로운 일본에서 그런 걸 허용한다는 게 신기하지 않습니까?"

"생각보다 잘 보내셨네요."

겸손의 절레절레.

"온천이라도 안 했으면 이렇게 서 있지도 못했을 거예요. 그런데 히타는 정말 안 가신 겁니까? 아까 거기가 어디라 했지요?"

"다케오라고, 못 가보셨지요? 여기서 한 시간 정도 떨어진 작은 도시인데, 거기서 제일 유명한 게 공공도서관이에요."

"도서관을 보겠다고 거기까지 갔다 온 겁니까?"

"그런 면도 있지요. 건물이 멋지거든요. 입구 쪽 앞 벽은 1층 높이고, 뒷벽은 3층 정도 돼 보여요. 천장이 앞쪽으로 비스듬히 기울면서 이어지는데, 앞쪽은 전부 유리벽이고, 뒷벽은 전부 서가에요. 유리 벽 쪽은 스타벅스고, 그 앞이 츠타야 서점, 그 뒤 서가가 공공도서관이에요. 츠타야가 맡아서 운영하는 것 같고요. 오늘 거기서『소면』이라는 책하고, 『엘리스』란 책을 샀는데, 정말 뭐 이렇게까지 싶을 정도로 소면하고 엘리스예요."

"이 나라는 그게 참 대단한 것 같아요. 한국은 인테리어, 패션, 건축 잡지를 표방하지만 사실 거의가 종합지에 가깝잖아요. 그런데 일본의 잡지들은 반대로 종합지라도 국수, 애견, 커피, 지역, 엄청나게 세분화되어 있더라고요. 일본이 번역의 나라라고 하잖아요. 외국 잡지도 최소한 제가 아는 건 다 있고요."

"<중쇄를 찍자!>라는 만화 보셨나요? 만화책 편집자들이 2쇄를 찍고 싶어 한다, 그런 내용이에요. 일본 만화다 보니 당연히 착한 감동 같은 게 엄청나게 거슬리긴 하지만, 책을 만들고 파는 일에 대해서 생각해 볼 게 많아요. 우리는 어떤 책 만들어서 어떻게 팔까 할 때 보통 요새 트렌드가 뭐야, 요새 독자들은 이래, 요새 출판시장은 이래, 그 사람 팔로워가 몇이야, 그런 식으로 가상의 독자층을 설정하잖아요. 그런데 이 만화에선 기본적으로 독자들이 그 자리에 있다고 생각해요. 기차를 좋아하는 사람, 지도를 좋아하는 사람, 추리, 여행, 뭐든 원하는 누군가가 있다는 거지요."

"일을 하다 보면 트렌드 생각을 안 할 수가 없지요. 브로슈어, 포스터를 만들거나 특히 폰트를 쓸 때는 절대 거슬러선 안 되니까요. 하지만 저도 책에 대해서는 회의적인데, <킨포크>나 <브루투스> 같은 잡지를 보면 그 '독자층'이란 게 정말 있다고 생각할 수밖에 없거든요. 그 층을 위한 책이 꾸준히 만들어지고 있는 거고요."

"그런데 독자층이 얇거나 아예 희박한 분야도 있을 거 아니에요. 그러면 출판사에서 수익이 나는 부분과 나지 않는 부분을 맞춰서 출판을 하기도 하겠지만, 그걸 어디까지나 사기업의 배려에만 맡겨두긴 어려운 일이지요.

출판사라는 데가 돈 안 되는 분야 접읍시다 그러면, 뭐
그게 맞지요, 하고 수긍할 수밖에 없는 취약한 구조니까
요. 그래서 출판 보조금이란 것도 있는 거지만, 전국 500
개 공공도서관에서 책을 구매해 준다, 그러면 제작비는
나오겠지요. 그런데 다케오 도서관의 경우 서점이 공공
도서관을 운영하잖아요. 괜찮을까, 그럴 수도 있지 않
을까, 싶더라고요. 공공도서관의 역할이라면 역시 원하
기만 하면 언제든 모든 지식, 정보를 얻을 수 있다는 거
지만, 세금으로 책을 사 놨다는데도 안 보면 그만이잖
아요."

"그렇지요. 도서관 짓는다 하면 반대하는 사람들도 의
외로 많으니까요."

"감상이라는 게 어느 단계를 넘어가면 정신노동이 되
잖아요. 또 그걸 감수해야 감상이 되고요. 자발성이란
게 가장 어렵지요. 그래서 굳이 문화, 교육 프로그램을
개발해서 도서관에 오게 하는 거 아니겠어요. 그런 면에
서 츠타야가 어떤 식으로 공공도서관에 사람을 채웠는
지 알아보면 상당히 흥미로운 이야기가 많을 거예요. 츠

타야는 단순히 책을 산다기보다 무엇을 읽을까, 어떤 음악을 들을까 발견하러 간다는 기분이 들게 하는 곳이잖아요. 책이 있는 문화 공간, 하지만 꼭 사지 않아도 되는. 츠타야에서 취향을 발견하고, 공공도서관에서 대여한다. 게다가 이 회사가 본래 음반, 비디오 대여점에서 시작을 했고요. 이런 시도는 서점에도 도서관에도 전에 없던 거지요."

"일본이라는 나라가 옆에 있어서 안 좋은 점도 참 많지만, 사실 나쁜 놈들 아닙니까? 그런데 또 일본이라는 나라가 옆에 있었기 때문에 할 수 있는 일들이 참 많았어요. 소니, 도요타 없이 한국 대기업이 있을 수 있었겠습니까? 제가 신입 사원 시절엔 광고회사 직원들이 아이디어 수집하러 출장을 간다 하면 거의가 부산이었어요. 여관방 TV에서 일본 방송이 잡혔거든요. 어딜 돌아다니는 게 아니라 광고 모티브를 찾아낸답시고 아무 여관방이나 잡아서 일본 방송을 봤던 거지요."

"직접 가 보신 적도 있나요?"

"저는 광고회사가 아니라 편집디자인 회사 직원이라.

대신에, 저희 쪽은 일본 잡지에서 벤치마킹을 했어요. 회사마다 아트디렉터가 있는데, 그 사람들이 필요한 책을 선정하고 구입해요. 혹시 <가정화보家庭畵報>라고 들어보셨습니까? 보그, 엘르 같은 잡지보다 우리가 거의 교과서처럼 떠받들던 잡지가 일본의 <가정화보>였어요. 대개 한국의 디자인 분야가 그렇습니다. 일본을 빼고는 상상할 수가 없던 시절이었어요. 말이 좋아 벤치마킹이지 사실 거의 베끼는 수준의 디자인이 많았어요."

"그럼 이제 아트디렉터라는 직함을 쓰시면 되겠네요. 주 업무지는 후쿠오카 서점이고요."

"그러면 좋겠지만, 저희 회사 형편에."

"그 자료들은 사무실에 가져다 놓으면 디자이너들이 잘 쓰겠지요?

"그러겠지요. 아니라도 저는 좋았습니다. 자극도 많이 됐고요. 덕분에 좋은 술집도 많이 가봤잖습니까."

우리는 텐진 도요코인 호텔 앞 모쓰나베 집에서 국물을 곁들여 밥을 먹었다. 이틀 만의 쌀밥이었다. 소 곱창을 우려낸 맑은 전골쯤 되는 이 요리도 후쿠오카의 대표 음식이었다. 부추가 잔뜩 올려진 시원한 국물. 속이 풀리는 듯도 했지만, 아무래도 맛의 근원이 곱창이다 보니 혈관 안에 죄책감이 응고되어 가고 있었다.

밤 9시가 넘어 어제 갔던 포장마차 건너편, 호텔에서 가장 가까운 노란 간판의 포장마차로 갔다. 좌석 앞에 커다란 오뎅 바가 있고, 거기서 갖가지 어묵과 무, 두부, 떡을 건져 먹을 수 있는 곳이었다. 다시마 국물은 혈관을 막고 있던 죄책감을 흘려보내 주는 듯했다. 주인 할아버지가 방금 빚어 순식간에 구워준 교자를 먹을 땐 이 교자 때문에라도 후쿠오카에 다시 와야겠다고 생각했다. 포장마차가 간간이 부는 바람을 한껏 머금고 부풀 때마다 울컥, 다정한 손길이 머리를 쓰다듬고 지나갔다.

"가져갈 짐이 많으시겠군요."

"인천공항에 와이프가 나오기로 했어요. 그래도 덕분에 고생 덜었습니다."

마지막 잔을 비우고 일어나니 11시가 돼 가고 있었다.

"그럼 남은 여행 잘하시고."

그가 엘리베이터 6층 버튼을 누르며 말했다.

"그렇군요. 이젠 정말 출장이란 말을 못 하게 됐네요."

"히타에는 정말 안 가실 겁니까?"

"나중에 직접 가세요."

방 안 공기가 텁텁했다. 에어컨을 켜고, 침대에 앉았다. 까끌까끌한 이불보가 손바닥에 닿는 감촉이 좋았다. 겨우라고 해야겠지만, 이런 식으로 저무는 하루가 그 긴 꿈이 보여준 하루의 예감이라도 상관없었다. 고층의 좁고 캄캄한 방에 앉아 창밖 도시 불빛을 바라보며 힘겹게 신발을 벗는다. 하루의 마무리로 꽤나 적절한 장면이지 않나. 벗어 놓은 신발을 가지런히 모아 놓고 잠들 수 있다면 삶의 꽤 적적하고도 순탄한 마무리일지 모르겠다.

구심력뿐인 순환 운동

운하라 부르기도 한다는데, 강? 개천? 한국 같으면 도랑
이라 할, 그래서 80년대 후반 진즉 시멘트 도로 아래 묻
혔을 물줄기가 도시를 여러 갈래로 나누고 있다. 가느다
란 물줄기 옆으로는 또 어느 만큼 가느다란 길이 따라가
고, 그 앞은 촘촘한 주택들이 물줄기를 등지거나 바라보
거나, 좁다란 골목을 만들어 내기도 한다.

　공구상, 건축사무소, 자전거가게, 문을 열었는지 닫았
는지 알 수 없는 식당, 정말 들어가고 싶었으나 그냥 지
나친 커다란 간장 가게, 무료개방이라는 빨간 벽돌의 근
대식 건물은 미술관이었다. 그래도 온천 휴양지라 할 만
한 풍경이라고는 할 수 없었다. 저편에 본격적인 강이 보
이고, 구마마치 공원이라는 명칭이 붙어 있기는 하나 실
은 화장실과 그네 하나, 미끄럼틀 하나가 전부인 200평
땅에 이르자 양쪽으로 온천 호텔인 듯한 건물들이 나타
났다. 관광 안내소에서 가져온 지도를 보니 이 근처 어딘
가에 저 강에서 건져 올린 은어를 구워 준다는 식당이 있

다. 편의점에는 왜 들렀을까.

버스가 후쿠오카 텐진 버스 터미널 2층 플랫폼을 내려와 거리로 나오자 버스 차창에 드문드문 빗방울이 맺혔다. 짐이라야 가방 하나뿐이지만, 이런저런 종이 무게로 발걸음도 가볍게 같은 기분은 느껴지지 않았다. 차라리 이런 날이 다니기 좋지, 그렇게 생각하기로 했다. 뒷좌석 승객이 없다는 걸 확인하고 느긋하게 자리를 넓혔다. 20대엔 이런 날씨면 운동을 하러 나갔다. 비가 올 듯말 듯 흐린 날에 조깅을 하거나 근육 운동을 하면 평소보다 조금 더 몸에 가혹해질 수 있었다. 그때 조금 더 뛴게 이제 와 다 무어라고, 왜 그렇게도 뛰었을까. 그 맹목이 좋았나 보다.

고속도로에 들어서자 바깥 풍경을 볼 수 없을 만큼 창에 빗물만 한가득이었다. 한적한 고가 고속도로 위, 어둑한 버스는 사방을 때리는 빗소리에 온전히 감싸였다. 비가 많이 오는 날은 이불을 덮고 빗소리를 들으며 낮잠을 자는 것도 좋지. 바퀴가 거세게 도로 위 빗물을 가르는 장면을 상상하며 눈을 감았다. 어느덧 두 시간, 비는 오지

않았지만 언제 다시 떨어진다 해도 이상할 게 없는 하늘
이었다. 디자이너에게 설득당한 건 아니지만, 내가 내린
곳은 히타의 버스터미널이었다. 근처 편의점에서 녹차와
도톰한 달걀 샌드위치를 샀다. 배가 고프다거나, 목이 말
라서가 아니라 습관적이었다. 지금 사는 집 100m 반경
안에 편의점이 네 개나 있다. 역에서 어느 길을 택해 집
에 오든 하나 내지 두 개의 편의점을 지난다. 집에 혹시
필요한 게 없나 습관적으로 문을 열고 들어가면 그냥 나
오기도 뭣해 당장 필요하지도 않은 컵라면이라든가 1+1
음료 같은 걸 사 들고 나온다.

　길 양옆으로 늘어선 야트막한 건물들은 거의 셔터를
내리거나 어둑한 채였고, 종종 나타나는 커다란 정원이
있는 집들의 담장 위로는 아열대 수종인 듯 이국풍의 커
다란 잎들이 비죽 나와 있었다. 아저씨 전용 술집인 스
나쿠*가 눈으로 감지되는 인구에 비해 꽤 빈번히 나타났
고, 곧이어 등장하는 온천 거리에 이르러 그게 온천 휴

---

* 스낵바.

양의 한 품목에 들어가는 걸까 생각해 보기도 했다. 온천 호텔 옥상엔 강을 내려다보는 야외 온천탕이 있었다. 그걸 올려다보는 것만으로 스나쿠가 온천 휴양의 일부일리 없다는 결론을 내렸다. 온천호텔들은 강폭이 넓은 미쿠마三隈강을 등지고 나란히 서 있었고, 호텔마다 1층 레스토랑이나 로비에서 강으로 내려올 수 있는 계단을 내놓고 있었다. 강물의 범람을 대비한 시멘트 옹벽과 계단이 아무리 깨끗하게 비질 되어 있다 해도 허름함까지 쓸려나갈 리는 없었다. 애초에 계단과 옹벽부터 마주했더라면, 그 뒤에 가려진 건물이 시멘트 공장이 아니라 호텔이라는 걸 짐작할 수 있었을까? 그런데 그 나름 볼만한 풍경이긴 했다. 그러니까 아마도 지방 도시란 성쇠와 상관없이 처음부터, 심지어 건물이 지어질 때부터 이런 모습이어야 어울릴 거라는 심상을 만족시켜 주는 광경이었다. 강가에는 편평한 관광선 몇 척이 정박해 있었다. 어느 밤 등을 밝히고 맥주잔을 든 손님들을 가득 싣고서 강심을 떠다닐 때 나도 그 안에 있었으면. 그러다 멀찌감치서 호텔 옥상을 올려다보니 역시 그보다는 옥상 온천탕에 누워 배들이 떠다니는 모습을 내려다보는 게 더 좋을 것 같았다. 그런 날이 쉽사리 오겠나, 반사적으로 그런 생각이 들자 시야에는 오직 야트막한 산만 가득 보이고, 그 위에나 있어 보자 싶었다. 온천탕도, 맥주잔을 부딪치는 사람들을 태운 배도 없을 테지만.

이 산은 거북이 모양이라 해서 기잔龜山, 가메야마라고 부르는데, 미쿠마 강변에는 해, 달, 별, 세 언덕이 있다. 해 모퉁이인 히쿠마日隈가 바로 이 기잔이고, 달 모퉁이 쓰기쿠마月隈는 마메다 거리, 그러니까 디자이너가 말한 작은 교토 가까이에 있다. 별 모퉁이인 호시쿠마星隈는 해와 달에서 각각 3킬로미터쯤 떨어져 있다. 이 세 산은 한 변이 대강 3km인 정삼각형의 꼭짓점이 되는 것이다. 그리고 이 세 꼭짓점 사이를 흘러간다 해서 원래 이름이 히타 강이던 것을 세 모퉁이 강, 미쿠마강으로 바꿨다. 히쿠마산 정상에는 온천탕이나 약수터 대신 신사 하나가 있었고, 벌레와 모기를 참아 낼 수 있는 한계점이 낮았다. 땀에 젖은 셔츠를 뚫고 몇 마리가 주둥이를 들이밀었는지, 손이 닿지 않는 어딘가들이 참을 수 없이 가려웠다.

눈에 보이는 여기저기가 부풀어 올랐다. 마메다 거리까지는 버스도 없고, 택시도 보이지 않았다. 마메다 거리가 그 한 꼭짓점 근처에 있으니 3km를 걸어가야 한다는 것인데, 올라야 마땅한 산이었나, 진정.

수로, 혹은 강을 두어 번 건너 동네 이름이 바뀌는데도 교토라고 할 수 있을 만한 풍경은 나타나지 않았다. 교토 어딘가에도 분명 이런 동네들이 있을 법하지만, 그걸로 작은 교토라 했을라고. 2층, 3층 건물들은 끝없이 이어지고 있었지만 어딘가 빈 듯한 느낌이었다. 그럴듯한 풍경이 나올 조짐도 없었다.

단체 여행객 중에서 유달리 모험심이 많으신 분들이 무리를 벗어나 한적한 곳까지 왔다가 돌아서는 곳이 저만치 골목 끝인 것 같았다. 점퍼 색이 다들 너무나 선명한 형광 톤 원색이라 아, 거기서 오신 분들이구나, 고개를 끄덕끄덕. 그곳 사람들이 꼭짓점 3좌 완등을 하고 미쿠마강 밤배에 올라 맥주를 마시려고 올 것 같지는 않으니, 아마 유후인 온천으로 가는 길에 휴식, 쇼핑 겸 해서 넣은 일정이 마메다 거리 아니었을까. 그렇다면 나에게

히타가 작은 교토라느니 마메다 거리를 가보라느니 알려
준 사람도 유후인 관광을 알아보던 중에 얼핏 보고 한 말
일 수 있다.

　버스 세 대 정도가 한꺼번에 정차한 듯싶었다. 관광객
중 유달리 모험심이 많은 분들과 반대편 한계선에서 작
별을 하고 강을 건넜다. 나중에 자메이카 여행을 갈 수 있
게 된다면 반드시 등산복 매장에 가 봐야지. 저 뒤에서 러
브, 피스, 레게 셋이 나란히 걸어가고 있었다.

　삼각형의 다른 한 꼭짓점이 당연한 듯 나를 맞아들이려
하고 있었으나, 내가 무슨 도형 마니아도 아니고, 꼭짓점
을 피해 카페 '비라쥬'에 몸을 숨겼다. 창가 자리에 앉아
차가운 커피 한 잔을 시켰다. 바로 앞자리 남녀가 식사를
하고 있어 갑작스레 식욕이 솟구쳤지만 비닐봉지 안에는
아직 포장을 벗기지 않은 샌드위치와 반의반쯤 남은 녹
차가 있었다. 먹지도 않으면서 매번 식당을 포기하게 하
는 이 샌드위치는 대체 먹으려고 산 것인가, 아무것도 먹
지 않기 위해 산 것인가.

　히타에 도착한 뒤 10km 정도를 걸었다. 더 걸을 수는

있다. 또, 그렇게 될 거다. 그렇다고 이곳에 머물렀다거나 이곳에서 무얼 했다고 말할 수 있을 것 같지는 않다. 가게 하나하나, 거리 구석구석, 분위기를 살피고, 느끼고, 적당한 기념품을 카운터에 올리고 현금을 꺼내면? 오늘은 히타에 있었다고 할 수 있게 되는 걸까? 사야 할 물건은 다시간장, 사시미간장, 와사비, 카레, 우동 같은 5대 영양소에 고루 적합한 것들뿐이어서 그건 나중에 대형 마트에 가서 해결해야 한다. 아무리 생각해도 꼭짓점은 아니다. 그 정도의 체력까지는 남아 있지 않은 것 같다. 커피 한 잔을 다 마시도록 여행이 되게끔 하는 움직임이 무엇인지 생각해 내질 못했다. 커피 두 잔을 연거푸 마실 만큼의 카페인 내성이 있었다면 더 깊고 그윽한 생각을 했을지도 모르겠다. 일어났다. 다시 걷기로 한 거다. 마메다 거리를 걸었다. 작은 교토, 오래된 골목, 간장 냄새와 상점 방향제가 섞인 거리의 풍취, 품위. 여기서 온전히 옛날 것이라고 할 만한 것은 도로 폭과 건물의 나무 기둥들뿐이겠지만, 아무튼 이곳은 오래된 골목이다. 옛날 것은 얼마 남아 있지 않은 옛날의 풍경이다. 교토, 로마, 파리. 모든 도시가 다시 지어진다. 본래의 것이냐 아니냐, 연거푸 다시 지어져도 엄밀하게 옛날 풍경이라 할 수 있는 것이냐. 일본 최고신 아마테라스 오미카미를 모신 이세신궁은 20년을 주기로 해체된 후 다시 지어진다. 이것은 같은 건물인가, 다른 건물인가? 건물이 전통인가, 건물을 짓는 기술이 전통인가, 아니면 둘 다인가? 이 비슷한 물음이 2000년을 지속돼 왔다. 요샌 뇌를 바꾸거나 복제하면 인간의 동일성이 유지되는가 아닌가 하는 논쟁까지 한다. 골목에서 철학을 하는 사람이 있는가 하면, 옛날 풍경을 찾아와 걷고 구경하고 떠나는 레게 팬이나 도형 마니아 같은 사람들도 있다. 도형 약간에 레게의 피가 흐르는 나는 온천 마을과 꼭짓점이 있는 강변에 이어 작은 교토를 걸었다. 이제 좀 여행이 되어 가나?

  다른 도시에 숙소를 예약했으니 역으로 가야 했고, 그래서 터미널에서 시작한 여정이 15킬로 이상을 돌아 다시 터미널 건너편 기차역에 닿았다. 본래 목적지가 역이었던 것처럼, 느긋한 라운드 트립, 다섯 시간의 순환선이었다. 텐진, 다케오, 히타. 이제 닿게 될 구루메久留米, 그리고 또 어딘가. 순환은 거듭된다. 이만큼의 원운동이면 어딘가로 날아갈 원심력이 생겼어야 할 텐데, 이 순환 운동은 왜 줄곧 얌전하기만 한 것인가. 떠난 자리로 가만히 돌아와 얌전하게 차 시간을 기다린다. 살아간다는 건 왜 앞으로 간다고 이야기되는 걸까. 인생은 왜 멀리 가야 하는 거라고, 먼 곳에 닿아야 한다고 말해지는 걸까. 여기로 가만히 돌아오게 될 거라 말해져선 안 되는 걸까? 결국엔 다 그런 삶뿐인데, 그렇게 말하면 시시해지는 걸까.

의지의 반작용

두 칸짜리 빨간 기차가 히타역을 출발했다. 객차 안은 비좁고 의자는 교실 의자만큼 딱딱하다. 여기 앉아 두 시간 가까이 가야 한다. 도착할 곳에 뭐가 있는지는 모른다. 구루메, 어디서 들어 봤더라, 구루메 라멘? 그게 서울에 있는 건지, 정말 그 구루메인지는 모르겠다.

　빨간 기차가 들판을 가로지르고 있었다. 들판 저 너머 산 밑 마을에선 드문드문 얇고 곧은 연기가 피어올랐다. 우키하^{うきは}역 가까이에 이르러 일제히 피어오르는 연기를 보며 저건 연기가 아니라 유케무리라는 거겠구나 생각했다. 열차가 멎는다는 안내방송이 나오자 몇몇 노인이 배낭을 메고 트렁크의 손잡이를 쥐었다. 그들이 내리고 난 자리에는 커다란 숄더백으로 간단히 짐을 추스르고 올라탄 모녀가 앉았다. 여기도 온천 휴양지구나 생각이 들자 그들의 양 볼이 벌겋게 익어 있는 듯도. 그런 방식의 화장법이 아니라고는 장담할 수 없지만.

　기어코, 라고 할 만큼 서서히 속도를 올리기 시작한 기차는 느린 속도로 논밭, 들판, 주택가, 가지런히 늘어선 나무 그늘 터널을 지나 한참 뒤 구루메역에 도착했다. 지금껏 지나온 역 중에서 가장 컸지만 역 안을 오가는 사람은 많지 않았다. 호텔은 시내 한가운데 있었다. 역에서 나와 쇼와 대로를 따라 곧장 올라가다 난데없이 홀로 우뚝 선 시청을 지나 우회전, 구루메 시티 플라자가 있는 도로의 이름은 메이지다. 도로 작명 같은 거에 들일 시간이 부족할 만큼 바쁜 도시였을까. 빨간 벽돌의 커다란 시티 플라자 뒤는 아케이드 상점가와 연결되어 있고, 먹고 마시고 사야 할 것은 이 안에 다 완비되어 있다. 아마도 이 건물과 아케이드 상점가가 이 도시의 중심인 듯싶었다. 호텔은 이곳에서 가까운 니시테쓰 열차 역 근처에 있었다. 역 앞에 많은 사람이 있는 것으로 보아 후쿠오카로 오가는 이들은 저 역을 이용하는 모양이었다.

저녁 식사는 대강 근처에서 해결할 수 있겠구나. 그리고 내일 아침 일찍 일어나 후쿠오카로 가는 거다. 이곳에 온 건 후쿠오카 아닌 곳에서 잠을 자기 위한 거였군. 그리하여 본격적으로 잠이 들 호텔 엘리베이터에 오르자, 몇 개의 신문 스크랩과 환영 문구가 붙어 있었다.

"야키도리의 도시 구루메에 오신 것을 환영합니다."

구루메에는 200여 곳이 넘는 야키도리 집이 있다. 그리고 추천 식당 지도. 이 근방으로도 20여 곳의 야키도리 집이 표시되어 있었다. 맛있는 꼬치구이를 먹었으니 남은 인생 아무래도 좋아, 행복의 샘이 촉촉해지는 느낌은 없었지만, 뜻밖의 수확치고는 남은 인생에 두루 영향을 미칠 게 분명한 문구였다. 구루메에 가면 꼬칫집에 가야 한다, 앞으로 이 말을 얼마나 많이 하며 살아갈까.

종일 들고 다닌 샌드위치는 냉장고에 넣어 두고, 욕조에 물을 받아 다리를 주무르며 몸을 노곤하게 풀어 준 뒤 30분 정도 잠을 잤다. 8시가 너머 부분적으로 앤디 워홀의 스타일이 되어버린 머리에 대강 물 칠을 하고 엘리베이터에서 야키도리야 추천 지도 사진을 찍은 뒤 제법 북적이는 상점가로 들어섰다. 첫 번째 가게는 아케이드가 끝나는 지점에 있었다. 추천 번호 1번. 이렇게 맥없이 찾아내다니, 유명 순서가 아니라 설마 호텔에서 가까운 순서였던 걸까? 가게 안에는 주로 40대 이상이거나 그런 달관한 외모의 사람들이 혼자 혹은 둘이 앉아 있었다. 활기를 띤 사람은 점원들뿐이고, 다들 조용히 휴대폰을 들여다보며 사케 도쿠리를 감질나는 속도로 마시고 있었다. 카운터 자리에 앉아 유리 안의 꼬치 다섯 개를 골라 사케 도쿠리를 차갑게 한 병, 꽈리고추와 아스파라거스를 하나씩 더 주문하고 뜨겁게 한 병. 야키도리의 도시에 왔다고 하니 두 군데 정도는 가야 할 것 같아 생맥주는 마시지 않았다. 녹차 말고는 종일 아무것도 먹지 않아 다행이었다. 큰길 건너편 동네는 주로 주택가인데, 2차선 도로 양쪽 상점가는 건너편과는 상대적으로 매우 젊은 분위기였다. 아무래도 이쪽은 이삼십 대, 건너편은 사십 대 이상으로 양분되는 건가 싶었지만, 간간이 정원이 딸린 커다란 레스토랑이 섞여들고, 잘 차려입은 중년의 남성들이 누군가의 차를 둘러싸고 인사를 나누고 있었다.

추천 지도에서 대강 하나를 골라 들어선 가게 안은 대부분 20대이거나, 그런 해맑은 외모의 남녀들이었다. 혼자 앉은 사람은 없어 보였는데, 첫 번째 집과는 다르게 퍽 소란스러웠다. 내 나이는 일본 기준으로 40대를 한두 해 남겨 두고 있었다. 이편도 저편도 국경을 넘듯, 날짜 변경선을 지나 시간을 넘나들 수 있는 산뜻한 입장이었던 거다. 하지만 부득이 4인 테이블을 차지하고 앉을 수밖에 없어, 소박한 상을 차려두고 가게가 붐비게끔 놔두기가 미안하게 되었다. 마스터 추천 메뉴와 고구마 소주 한 병을 시켰다. 누구라도 내 주문에 신경 썼을까마는 이 정도 시켰으면 여기 앉아도 되지 않겠나 하는 정서적 안정이 찾아 왔다. 수많은 대화들에 둘러싸여, 그 대화들에 일제히 소외된 채 앉아 있기엔 커다란 맥주잔을 들었다 놨다 하는 것보다 따르고 마시고 또 따르는 수고라도 하는 게 나았다. 하지만 술에 물을 타 마시는 게 익숙지 않아 꾸역꾸역 맨 소주를 마셔대니 젓가락 쥐는 힘이 급격히 빠져나갔다. 자칫 턱관절이 풀려 닭고기를 흘리거나, 젓가락을 떨어뜨리거나, 의미 없이 피식거리거나, 난데없이 한국으로 영상통화 버튼을 누르거나, 옆 사람에게 지금 먹는 게 무어냐 괜한 질문을 하거나, 종업원에게 몇

시에 문을 닫는지, 대표 메뉴는 무언지 물으며 적적함을 달래려는 수작을 걸거나, 외롭고 쓸쓸하게 휴대폰 사진이나 뒤적이지 않도록 꼿꼿하게 앉아 허벅지에 가지런히 손을 올리고 오른손만 들었다 놨다 했다. 계산을 하고 나올 때까지 역시나 아무도 내게 눈길을 주지 않는 것 같았다. 그건 내가 꼿꼿하게 외로운 이의 도리를 다했기 때문일지 모른다 생각하며 휘청휘청 길을 멀리 잡아 호텔로 돌아왔다. 마치 꼬치를 먹자고 그 먼 길을 마다하지 않은 사람처럼, 이걸로 오늘 뜻한 바를 반듯하게 이뤄냈다는 뿌듯함에 차 샤워기 물줄기로 꼬치구이 연기 냄새를 씻어냈다. 이제 와 갑자기 이걸로 뿌듯해할 건 다 뭔가 싶어도 처음 온 도시를 걷고, 구경하고, 죽기 전에 먹어야 할 시리즈 하나를 달성했다. 그게 오늘의 온전함이었다고, 이로써 한 생이 일단락된 듯 잠들고 싶었다. 어디까지나 해피엔딩. 불이 꺼지고 잠이 들었다 깨어나면 전혀 새로운 장이 시작된다. 별다르지 않은 하루가 되풀이되겠지만, 마치고 날 땐 즐거운 하루였다, 참 재미있었다, 더 이상의 수사도 의미도 없는 그림일기로 인생을 끝맺고 싶다. 샌드위치는 의지 없이 하루 더 생명을 늘려가게 되었고, 아무래도 나는 샌드위치에 비해 삶을 의지로 가득 채우고 싶어 하는 것 같다. 누가 나에게 의미와 수사뿐인, 재미도 없고 즐거움도 없는 낱말들을 주입해 놓은 걸까.

순환의 전말

녹나무 꿈에는 약간의 뒷이야기가 남아 있다. 나는 눈을 감고 녹나무가 있는 성당으로 돌아간다. 의식처럼 녹나무 주위를 몇 바퀴 돈다. 며칠 밤 눈을 감고 억지로 끌어낸 이야기다 보니 집중력이 흐트러지기 전에 걸음을 멈추고 화단의 돌 위에 걸터앉는다. 다음 이야기는 문득 하얀 드레스를 입은 여자가 옆에 앉아 있다는 걸 알게 되는 데서부터다. '문득'이라고 할 수밖에 없는 건 여자가 거기까지 오게 되는 세세한 사정을 생각해 낼 수 없었기 때문이지만, 꿈의 마무리니 꿈의 전개 방식에 따라 장면 전환을 느닷없이 가져가는 편이 더 효과적이지 않을까.

그녀는 고개를 들고 잔물결 치는 잎사귀 사이 비쳐드는 햇살을 향해 눈을 감는다. 얇은 눈꺼풀 아래 눈동자가 파르르, 천천히 숨을 들이쉰다. 그녀의 목소리가 들려온다.

"바람에 은은한 향이 섞여 있어. 녹나무 향은 사람들의 마음을 차분하게 해 준대."

나도 그녀를 따라 눈을 감고 숨을 들이쉬어 본다. 그녀에게 닿는 향이 무엇인지 알 수 없다.

"너는 어쩌다 여기에 녹나무를 심은 거지?"

"이 나무를 심은 게 나였다고?"

대답이 없다. 나도 할 말이 없다. 다시, 그녀의 목소리.

"녹나무는 그늘진 곳에서 자라. 공기, 습도, 온도. 다 조심스럽게 보살펴 줘야 해. 함부로 옮겨 심어서도 안 돼. 하지만 자라나기 시작하면 매우 크게 자라나. 그리고 엄청난 햇살을 받아들여."

"이게 정말로 내가 심은 나무라면 말야, 그땐, 그러니까 이 나무를 심을 땐, 나도 알고 있었을까, 지금 네가 하는 말을?"

"기억해 낼 수 있을 거야. 나무 그림자가 사라지기 전까지 기억해야 하겠지만."

"그래, 이건 내 꿈이니까, 어떻게든 내가 심었겠지. 그런데 내가 기억해야 하는 건 뭐지? 왜 심었는지?"

"네가 여기로 돌아오고 나서 시간이 다시 흐르기 시작했어. 이제 얼마 안 가 나무도, 그림자도 다 사라질 거야.

나는 오래된 나무 그늘 아래 앉아 새잎이 나고, 꽃이 피고, 열매가 열리고, 잎사귀들이 하나둘 사라지는 걸 보면서 아주 천천히 늙고 싶어. 어느 날 갑자기 사라지는 건 너무 무서워. 아주 조금씩 옅어지다 투명하게 사라지는 결말은 없는 걸까?"

"시간이 다 가고 그림자가 사라지면 네가 갑자기 사라지게 된다는 거니? 그때까지 내가 아무것도 기억해 내지 못하면? 그러면 너는, 그리고 나는 어떻게 되는 거지?"

"기억해. 그리고 이곳으로 돌아와."

"그러니까 이건 그저 내가 꾸었던 하고 많은 꿈들 중 하나인 거지?"

"내가 꿈인 것 같니?"

"너는 모르겠지만, 나는 꿈이 맞는 것 같아. 나무도, 이 자리도."

"시간이 가고 있어. 여긴 네가 불러낸 세상이지만 이제부터는 너 없이도 수많은 이야기가 생겨날 거야. 네 현실이 너의 상상을 따라잡고 있어. 떠날 시간이야, 어서."

곤란하다. 어디로 가야 할지 모르겠다. 성당 안? 이곳을 나갈 문은 어디에 있는 걸까?

"내가 어느 쪽으로 가야 하는지만이라도 가르쳐 주면 좋겠는데."

"그걸 알 수 있는 사람은 없어. 하지만 여기까지도 네 힘으로 왔잖아. 지금까지 걸어온 것처럼 걸어가. 내가 해 줄 수 있는 얘기는 그뿐이야."

"지금까지 나는 같은 곳만 빙빙 돌았을 뿐인걸? 내가 어딜 가려 한 건지 모르겠어."

풍경이 사라지고 있다. 성당도, 종소리도, 바람도, 나뭇잎도, 내가 앉았던 자리도.

"이상하지? 나보다, 네가 갑자기 사라진다는 게 더 두려워졌어."

"이곳 나무 그늘 아래를 기억해."

그림자, 나무줄기, 어느새 빛조차 사라졌다. 나는 검은 공간에 앞뒤도, 위아래도 없이 서 있다. 내 주위를 감싸는 건 텅 빈 어둠. 어느 쪽으로 발을 뻗어야 하는 걸까, 어디서부터, 무슨 생각부터 해 나가야 하는 걸까?

하카타역을 떠난 고속 열차는 해안가를 한 시간 반 달려 가라쓰^{唐津}역에 도착했다. 대마도를 가운데 두고 가라쓰와 부산은 마주 보는 거리가 200km밖에 되지 않는다. 부산 앞바다에서 떠내려온 쓰레기가 여기 닿아 쌓인다는 항간 풍문이 그럴듯하기도 한 게, 아주 옛날 남해에서 표류한 배가 조류를 타고 이곳에 닿았다는 기록들이 꽤 남아 있다. 표류해 왔든, 노 저어 왔든, 일찍부터 조선을 떠나 온 사람들이 이곳에 두루 터를 잡고 살아왔다. 차별 없는 세상 따윈 꿈에도 몰랐을 시절이니, 여기가 그나마 사람대접 받으며 연명할 수 있는 곳이었을지도. 포구라는 동네가 유달리 개방적이었을 수도 있겠다. 가라쓰, 당진^{唐津}이라는 지명에는 당나라에 사신을 보내던 포구라는 뜻이 있고, 옛 삼한 땅의 한^韓의 독음인 '가라'에서 왔다는 얘기도 있다. 땅이름 해석은 양보 없이 팽팽하지만 어디서 왔든 현해탄을 건너 온 배가 닿는 포구였다는 거다. 대륙을 떠난 배가 수시로 들고 나는, 사람 들고 나는 데 이골이 난 동네. 그러니 민족이 무엇이든, 지배 집단의 성씨가 무엇이든 서로 구애하는 물건만 맞으면 악수를 하고 토닥이고 친구가 되었을 것이다.

물론 나야 배를 타고 온 것도 아니고, 포구에 닿은 것
도 아니다. 기차 안에 얌전히 앉아 녹아내릴 듯 자다 깨
니 도시 한가운데 서 있게 되었다. 여기서 숙소까지는 걸
어서 한 시간. 택시를 탈 만큼 급한 일이 있어도 불평할
마음이 없었지만, 체크인 시간 때문에라도 시내를 관통
해 걸어가기로 했다.

가라쓰 성벽이 끝나는 곳에서 마이츠루舞鶴 다리를 건
너 료칸이 많은 해안 마을을 지나면, 400년 전 인공적으
로 조성된 소나무 숲, 니지노마쓰바라虹の松原가 나온다. 폭
500m의 소나무 숲이 가라쓰 해안을 4.5km나 따라간다.
버스 종점, 소나무 숲 정류장 앞에는 커다란 온천 호텔 두
곳과 숲에 가려 보이지 않는 낡은 호텔 하나가 있다. 내
가 머물 호텔은 인도에서 벗어나 모래 위를 걸어가야 하
는 낡은 호텔, 이름도 니지노마쓰바라였다. 가격이 가장
저렴하지만 주위를 감싸는 건 온통 소나무 숲, 창을 열면
해변이다. 한겨울이 아니고선 예약이 힘든 곳이었다. 그
렇다고 예약을 해 둔 것도 아니고, 어리둥절한 기분에 값

을 치르고 다시 예약 사이트에 들어가 보니, 역시나 앞으로 석 달 간 빈방이 없었다. 어리둥절한 행운이 가라쓰의 니지노마쓰바라, 거대한 소나무 숲속에서의 밤들로 나를 끌어왔다. 녹나무 그늘이 여직 내게 드리워져 있었던 걸까? 그늘은 이제 거대한 소나무 숲으로 이어진다.

솔밭을 걸어 호텔까지 가는 잠깐 동안 신발 뒤꿈치로 모래가 밀려들어 왔다. 어제 산 샌드위치를 구루메 호텔에 두고 와 점심을 먹으려면 다시 시내로 나가야 하지 않을까 걱정하기도 했지만, 다행히 호텔 2층에 식당이 있었고 간단한 것은 1층 편의점에서 해결할 수 있을 것 같았다.

소나무 숲에 들어서면 걸어도 걸어도 보이는 것이라곤 소나무 아니면 바다였다. 호텔에서 아침을 먹고 해변과 숲을 번갈아 드나들며 한 시간 반 정도를 걸으면 숲이 끝나고, 멀리서 해변을 따라 달리던 기차는 마을로 접어들었다가 숲 뒤 저편으로 사라졌다. 길 끝에는 호텔이 몇 개 있었고, 간간이 그쪽에서 걸어 나온 사람들이 바다를 보며 담배를 피우고 돌아갔다. 그들의 뒷모습을 눈으로 따라가면 로비 없이 커다란 1층 건물이 객실별로 격리되어 있고, 칸마다 현관문 바로 앞에 차 한 대를 댈 수 있는 주차 공간이 있었다. 1주차, 1실. 모터와 호텔의 착실하고 참신한 구현이었다.

벤치에 앉아 바닷바람으로 숨을 고르고, 터무니없이 오래 바다를 바라보았다. 숲속 산책길을 따라 한 시간 정도 되돌아오면 도롯가에 미니버스 한 대가 서 있고, 하이킹이나 드라이브를 나온 사람들이 그 앞에 줄을 서서 햄버거를 샀다. 줄에 붙어 버거 하나와 콜라를 사서 바로 앞 벤치에 앉으면, 머리 위를 덮는 소나무 그늘. 버거를 먹는 동안은 사람들이 타고 온 갖가지 빈티지 차와 오토바이를 구경하는 재미가 있었다. 벤치와 바지에 떨군 빵가루를 털어내고 자리에서 일어나면 마저 걸어야 할 길이 10분의 1 정도 남아 있었다.

세 시간 반 정도의 산책을 마치고 나면 가운을 걸치고 침대에 누워 파도 소리를 듣다가, 창가에 서서 바다를 바라보다가, 생산적인 일은 없을까 조급해하기도 하고, 그러다 보면 저녁을 먹기 전까지 이어질 멀고 긴 산책을 나설 시간이었다. 모래밭 놀이터 그네에 앉아 차 시간을 기다리다 버스에 오르면 곧이어 다리 건너 가라쓰성에 닿았다. 성 꼭대기에 올라가 맥없이 바다 건너 대마도와 부산을 상상하다가 성벽을 따라 걷기도 하고, 노부부가 하는 작은 우동집에 들어가 우동을 한 그릇 먹기도 했다. 고등학교 야구부의 연습을 구경하고 있으면 지나가던 부원들이 깍듯하게 인사를 했다. 마을 주민이라도 된 것 같아 '오카다 군, 힘내, 고시엔이 눈앞이야' 같은 인사를 하고 싶었다.

가라쓰가 도자기로 유명하다는 건 시내 상점가를 세 바퀴쯤 돌다 보면 누구나 알 수 있었다. 먹고 마실 가게들, 기념품 가게가 기다란 골목들을 잇고 있었지만 계절 탓인지, 경기 탓인지, 인구감소 탓인지 문을 열지 않은 곳이 많았다. 유일하게 들어가 본 풍물 상점에서 만화경 하나와 카툰이 들어 있는 껌을 한 움큼 샀다. 이자카야마다 문 앞에 오징어 회 사진과 텐손코린天孫降臨이라는 소주의 포스터를 붙여 놓고 있어, 고질적으로 메뉴 선택에 어려움을 겪던 나에게 구내식당 식권을 쥐고 있는 듯한 확고

함을 심어 주었다. 폭음과 폭식을 권장한다는 이자카야의 빨간 카운터석 어느 모퉁이에 앉아 천손강림 소주 한 병과 오징어 회를 시켰다. 일본의 역사는 태양신 아마테라스 오미카미의 손자 니니기가 할머니의 명을 받아 다카치호高千穂라는 곳에 강림했다는 천손강림 사건에서 시작한다는데, 애석하게도 가고시마의 다카치 봉우리인지 미야자키의 다카치 마을인지는 니니기도, 그의 할머니도 그들의 적손인 천황들에게조차 확답을 주지 않았다. 일단 술은 미야자키에서 먼저 만들었다. 가고시마든 미야자키든 다 규슈 안에 있으니, 가고시마 사람들이야 어떤지 모르겠지만 나머지 지역에선 두루두루 마시는 소주인가 보았다.

"도자기도 샀어요?"

점원으로는 보이지 않는 검은 드레스의 아줌마가 물었다.

"아니요. 소나무 숲에서 맥주만 마셨어요."

"니지노마쓰바라는 정말 멋지지요. 그래도 가라쓰에 왔으니 도자기를 사 가세요. 아리타가 더 유명하긴 하지만, 여기 도자기도 일본에서 꽤 유명하니까 갈 때 술잔이라도 하나 사 가요."

만화경도 샀는데 술잔을 못 사겠나 싶어 고맙다고 하고선 오징어 회를 기다렸다. 오징어 모양 그대로 나온 회가 흐트려지지 않게 조심스러운 젓가락질로 한 줄씩 걷어 올렸다. 젓가락질 사이사이 만화경을 들여다보았더니 금세 패턴이 눈에 익었고, 술이 빨리 취하는 것 같았다. 만화경을 비닐봉지 안에 넣고 눈동자 초점을 풀어 가게를 훑어보니 이곳에도 사인 액자가 걸려 있었다. 유명인인 듯한 사람들이 이 가게에서 찍은 사진과, 아까 그 아줌마의 남편인 듯한 왕년의 복싱 선수 사진도 여럿이었다. 그 아줌마가 정말 종업원이 아니라고는 장담할 수 없었지만. 이쯤 되니 알겠는 것은 내가 유명인들이 찾아가는 음식점만 고루 드나드는 것이 아니라 이 도시든 저 도시든 누가 봐도 갈 곳이 그곳들밖에 없었다는 거였다. 유명하든 유명하지 않든 그곳으로 들어간다.

호텔 앞 솔밭 그네에 앉아 바닷바람 속으로 취기를 밀어 넣었다. 바람이 너울을 타듯 주기적으로 불다 멈췄고,

편의점 봉투는 안전하게 손목에서 파들거렸다. 얼핏 솔향이 맡아지는 듯도 했다. 녹나무 향이 아니라도 어쨌든 사람에게 좋은 거겠지. 만화경은 잊지 말고 챙겨가야지. 가상화면에 홀려 평소보다 일찍 취할 테고, 아무렴, 가계에 보탬이 될 거다.

셋째 날 아침엔 부산스럽게 경찰차가 오가며 도로 여기저기를 막고 있었다. 운동복을 입은 사람들이 상기된 목소리로 전화기를 들었다 놨나 하기에 마라톤 대회라도 열리는가 싶었다. 시내 쪽으로 걸어가니 인도가 널찍한 곳마다 사람들이 모여 숲 방향을 바라보고 있었다. 나도 대강 한가한 틈에 서서 30분쯤 누구든 달려와 주길 기다렸다.

선두 그룹 선수들이 띄엄띄엄 지나갔다. 다가왔다 멀어지는 속도가 생각보다 빨랐다. 그룹이 무리 지어 있지 않은 거로 보아 아마도 달려온 거리가 꽤 먼 듯싶었다. 다들 가슴에는 대학 이름이 적혀 있었고, 계속 보다 보니 몇몇 학교의 유니폼을 구분할 수 있게 되었다. 선두 그룹이 지나고 10분이 지났을까, 다음 그룹이 지나갔다. 그룹과 그룹의 거리는 멀었지만 그룹을 이루는 선수들끼리는 그다지 멀지 않았다. 포기한 거리와 포기해선 안 될 거리가 있는 거구나. 더러 표정이 일그러진 선수도 있었지만, 다들 다부지게 고통을 참고 있었다. 그토록 오래 뛸 게 아니라 단번에 힘을 모은다면 100m 정도는 훌쩍 날아갈 수 있을 듯한, 가볍고도 경쾌한 몸짓들이었다.

처음 무리가 지나가고 30분이 지나도록 레이스가 계속되었다. 구경하는 사람들이 흩어지지 않는 걸 봐서 아직 뛰고 있는 선수들이 남은 듯했다. 이미 결정 난 승부에서 완주만을 목표로 뛰어가고 있다는 게 선수로서 어떤 의미가 있는 걸까. 어려서부터 단계별 선발 과정을 거치며 줄곧 질주만 해 온 사람들 사이에서도 엄연하게 존재하는 이 거리 차이는 대체 어떤 이유로 생겨난 것일까? 평생 성실하게 달리는 데도 태어날 때 주어진 10km의 차이는 결코 극복할 수 없는 것일까? 역시나, 태어나는 게 가장 어려운 것 같다. 사람들이 자리를 정리하며 어디로 이동한다는 이야기를 나눌 때쯤 마지막 무리가 지나갔다.

이동하려던 사람들이 더 열광적으로 손뼉을 치고 소리를 질렀다. 힘내요, 잘하고 있어요, 끝까지! 나도 그렇게 말할 수 있었으면. 선수들은 흐트러지지 않고 다음 발을 뻗었고, 내 눈에는 한참 앞서 달려간 사람들의 속도와 그다지 다르게 보이지도 않았다. 결코 좁혀지지 않을 거리를 저만치 두고서도 그들의 탄력 있는 종아리와 곧게 뻗은 허벅지는 당분간은 달리기를 멈추지 않을 것이다. 나도 그런 사람이고 싶다.

가라쓰 군치唐津くんち라는 축제에 사용되는 커다란 가마인 히카야마ひきやま를 평소 모아두고 전시하는 박물관이 있다 하여 그곳에 앉아 TV로 지난 축제를 구경했다. 마을마다 각기 다른 상징의 거대한 수레가 있었고, 불 끄러 다니는 사람들처럼 온종일 수레를 끌고 달리는, 설명할 수 없는 매력으로 가득한 화면이었다. 어느 일본식 저택에선 입장료만큼 집 안에 머무느라 발이 시리도록 차가운 마룻바닥을 딛고 서 있어야 했다. 한낮의 마라토너들이 휩쓸고 지나간 한적한 거리를 되짚어 걸어 호텔로 돌아왔다.

다섯 시가 되면 사람들이 로비에 모여 온천행 셔틀버스를 기다렸다. 방에서 수건을 가지고 내려와 그들 틈에 앉아 있으면 미니버스가 5분 뒤 소나무 숲 건너편 카가미야 마鏡山 온천에 내려주었다. 일행들과 달리 내가 온천탕에서 버틸 수 있는 시간은 30분도 되지 않았기에 온천장 1층 식당에 앉아 얼음물에 담가 놓은 차가운 맥주를 마시며 돌아가는 버스를 기다렸다.

시내버스 정류장이 있는 로얄 호텔 건너편에는 사카모토야 식당이 있었는데, 멀리서 보면 불이 들어온 듯도, 들어오지 않은 듯도 했다. 식당 유리문을 조심스레 열고 들어가면 정면에 TV가 틀어져 있고, 오른편에는 카운터석이, 그 앞 커다란 도마 위엔 작은 어항이 있었다. 금붕어나 열대어가 아니라 청어들이 헤엄치고 있었기에 수조라 부르는 게 맞았겠지만. 손님은 없었다. 사카모토야 여관 식당은 투숙객들의 아침과 저녁을 주로 감당하는 곳이라, 그 시간을 피하면 가라쓰 앞바다에서 잡아 올린 생선을 앞에 두고 넉넉한 저녁 시간을 보낼 수 있었다. 청어 회를 주문하면 카운터 위 수조에서 싱싱하게 꼬리 치던 등푸른생선 한 마리가 흔치 않은 빛깔의 도자기 위에 투명하고 반짝이는 생 살점들을 드러내 보였다. 그 활기 찬 지느러미 짓이 샌드위치와 달리 자신을 포식의 위험 으로 몰아넣고 있다는 걸 아는지 모르는지, 어항 안은 쉴 새 없이 활기찬 만화경 세상이었다.

평균 60세가 넘는 사카모토야 사람들이 즐겨 보는 텔 레비전을 흘끔거리다, 가라쓰는 재미있었습니까? 이 접 시들이 가라쓰 도자기입니까? 가라쓰에 왔으니 도자기 를 사 가세요, 네 그럴까 합니다, 그러면 기다렸다는 듯 도자기는 아리타보다 못하지, 하는 말이 뒤따르고, 어떤 말이면 도자기 품질에서 벌어진 이 간극을 위로해 줄 수 있을까? 맥주를 많이 마시기로 했다.

유럽에 도자기 열풍을 일으켰던 이마리의 도자기, 세 계 최대 도자기 축제가 열리는 아리타의 도자기들은 모 두 조선에서 넘어온 사람들의 유산이다. 물론 손수 처분 한 조선 땅 가산을 등에 지고 의욕에 차 가라쓰 포구로 내 려서던 사람들은 아니었다. 왜란이 터지고, 특히 정유년 이래 왜군이 다짜고짜 포로 포획에 열을 올리면서 포구의 개방과 포용은 깨져버렸다. 10만의 조선 포로가 규슈 땅에 억류되었고, 그나마 살아서 잡혀 온 것만도 다행이다 싶게 목숨은 진즉 조선 산야에서 날아가고 귀와 코만 베어져 바다를 넘어온 이들의 숫자도 거의 20만이었다. 귀와 코는 지금껏 교토의 미미즈카耳塚, 귀 무덤에 묻혀 있다. 짐처럼 하역된 사람 중에는 양반도 많았는데, 그가 군자건 소인이건 공인工人이 될 싹수가 없으면 규슈 들녘의 노예가 되어 농사를 지었다. 의지할 건 손기술과 건실한 몸. 거기서도 선택받지 못한 사람들은 대항해시대 갤리선을 타고 이역만리 유럽으로 팔려 나갔다. 루벤스 그림에 등장한 베니스 바다의 개성상인 안토니오 꼬레아도 왜란의 포로, 갤리선의 노예였다. 루벤스 앞에 선 조선인, 일본 도자기의 신. 바다에 떠넘겨진 삶이란 참 다채로운 미래에 닿기도 했지만, 말 안 통하는 사람들 사이에서 인간 이하의 취급을 받으며 맨몸으로 목숨을 부지하던 이들에게 이 바다는, 그리고 이 포구는 '푸른 바다 저 멀리 새 희망이 넘실거리는' 곳은 아니었겠고, 살아남는 것 말고 이들이 삶에서 이뤄야 할 목적이 또 뭐가 있었을

까. 적적해서였을까, 삶의 목적이 그뿐일지도 모르겠다
는 생각만 자꾸 들었다.

  손재주 명인들이 남긴 찬란한 유산 위에다 청어 회를
얹어 먹고 있자니, 지금이야말로 기술을 배울 때라는 자
각으로 부정맥이 도지려 했다. 도자기를 굽든, 회를 뜨
든 그렇게 하루를 보내고 소나무 숲, 바다를 거닐 수 있
다면 내 인생, 바다 아니면 숲이겠지. 삶이 단순하고 명
쾌해지는 것 같았다. 하지만 낭패인 것은 이제 곧 돌아가
출장을 다녀왔다는 명목하에 무언가 일다운 일을 해내야
할 텐데, 돌아가 살아갈 재주를 따져 보니 명쾌해 진 게
조금도 없는 것이다. 손재주라고는 가끔 손금이 좋다는
말을 듣는 게 다였다.

당분간은 직진

마지막 날 아침, 그네에 앉아 가라쓰 역으로 가는 버스를 기다리고 있었다. 여전히 눈앞은 소나무 아니면 바다, 길은 이리도 명명백백한데 인생은 한 치 앞도 보이지 않는다. 녹나무 그늘 아래 여자는 아직도 나를 기다리고 있을까? 지금쯤 나무 그림자는 어둠 속으로 사라졌겠지? 솔숲을 지나는 바람, 파도, 그 틈으로 버스 엔진 소리가 들려온다. 소나무 가로수들이 가지런히 바다를 향하고 있고, 내가 무엇을 기억해야 하는지 여전히 모르는 채 버스는 다리 아치를 타고서 바다를 건넌다. 며칠간 내가 걸었던 길들을 굽이굽이 되짚어 주기도 한다. 어디를 가든 같은 자리를 맴돈 것 같다.

나와 함께 이 여행, 아니, 출장을 나섰던 그는 끝내 디자이너로 돌아가지 못할 것이다. 가져간 잡지들은 가방 안에 담긴 그대로 사무실 빈 공간 어딘가에 방치될 것이고, 그를 제외한 누구 하나 인터넷 검색으로 알 수 없는 디자인의 무수한 영감과 아이디어가 그 안에 들어 있다고 생각하지 않을 것이다. 세상의 급박한 추세가 한 스크롤 안에 있다는 믿음은 우리 세대 동안은 깨지지 않을 것이기에. 하지만 그 3일 츠타야에서, 무지북스에서, 로프트, 캐널 시티, 솔라리아, 수많은 백화점에서, 그는 이제껏 그가 만들어낸 결과물들을 떠올리고 가다듬으며 디자이너로서의 또 한 시기를 그려보았을 것이다. 사무실로 걸어가는 그의 어깨엔 커다란 가방 하나 가득 그의 지난 시기와 다음 시기의 포부가 들어 있고, 손아귀엔 그의 눈을 사로잡은 한 권의 신선한 이미지가 들려 있었을 것이다. 그리고 사무실 책상 위에 잡지를 내려놓음과 동시에 그는 디자이너로서 살아온 지난 25년의 경력이 이로써 마무리되었다고 생각했을 것이다. 가방이 탁자에 내려앉던 무게보다 가볍고 조용하게. 그간의 일을 보고 받고, 시기를 조정하고, 할인된 견적을 보내고, 계산서를 발행하며, 그는 배웅의 꽃다발 같은 건 자신에겐 사치라고 생각했을 것이다. 가만히 웃었을지도 모른다. 그렇게 조금씩, 조금씩, 결국 아무 일도 하지 않을 세월을 향해 눈앞의 일들과 맞닥뜨려 갈 것이다. 나는 한 디자이너 생애의 가장 치열했던 순간을 함께한 것일지도 모른다.

　내게 주어진 시간이 그보다 길지 짧을지는 알 수 없다. 하지만 이제 어디를 향해야 하고, 어떤 목표를 세워야 하는지 생각할 여유까지는 있지 않다는 걸 안다. 생각하기 전에 뭐라도 해야겠지. 하지만 하면 할수록 어딘가에 닿는다기보다 도리어 자꾸 어딘가에서 멀어지고 있다는 느낌이 든다. 그래서 초조하기도 하고, 이미 회복될 수 없는 상실을 겪어 버린 것 같기도 하다. 다가가는 길이든, 멀어지는 길이든, 인생은 왜 늘 먼 곳에 닿으라고 말해져 왔던 걸까. 내 인생 긴 순환선 위에서 눈앞에 보이는 당분간을 곧게 뻗은 길이라 착각하며 걸어왔을 뿐이다. 녹나무 그늘은 내가 돌아갈 곳일까, 떨치고 나와야만 했던 곳일까? 그녀는 내 지난날의 애처로움이었을까? 순환의 어느 역에서 그녀를 다시 만날 수 있을까? 그때에도 우리가 서로였다는 것을 기억할 수 있을까? 확신 없이, 내 앞에 놓인 당분간의 직선 도로를 걸어간다. 걸어도 걸어도 삶은 꼭 한 걸음씩 늦는다는 걸 알면서도.

저자 소개

윤민영 「여기야 여기」

한국에서의 별명은 차쿠리. 일본에선 미-짱. 규슈 오이타현의 벳푸에서 바다가 환히 보이는 아파트에 삽니다. 대나무가방을 들고 대나무공예를 배우러 다닙니다. 대나무가 있는 마당에서 댓잎이 바람에 스치는 소리를 벗삼아 슥슥 작업하면서 늙어가고 싶습니다. 조선 시대 장인들처럼 편안하고 아름다운 작품을 만드는 것이 인생의 목표입니다.

네이버 블로그@minrong2

벳코야 마리코「츠츠지 가족」

2005년 3월에 대학교를 졸업하자마자 스물 셋의 나이로 한국에 왔습니다. 7년 동안 일본어 강사로 일하다 결혼 후에는 기업 출강을 다니며 아이를 키우고 있습니다.

박성민「지금과 그때의 후쿠오카」

동네에 차린 책방 <프루스트의 서재>를 개인의 서재로 쓰면서 글도 씁니다. 『되찾은 시간』을 냈습니다.

인스타그램@library_of_proust

류호분 「생각이 화려하던 시절이 있었다」

꿈을 꾸었습니다. 고속도로에서 큰 트럭을 몰고 가고 있는데 깜박 잠이 들었다 깨어 보니 창에 성에가 껴 아무 것도 보이지 않았습니다. 혹여 사고가 날까 천천히 달리며 손으로 연신 창을 닦았습니다. 아마 혼자 있었으면 자포자기 했을 텐데, 옆 자리에 언니가 타고 있어서 필사적으로 창을 열고 어떻게든 시간을 벌어 보았습니다. 그러자 조금씩 주변이 보이기 시작했습니다.

저는 그런 인생을 지나가고 있습니다. 한 치 앞이 보이지 않아 여기서 멈추어야 하나, 그런 생각을 자주 합니다. 그럼에도 불구하고 내 곁에 있는 사람들을 위해 사고 치지 않고 열심히 살아가고 있습니다. 살아가다 보니 앞이 보이기도 하고, 안개를 지나니 가족이 기다리는 집이 저 앞에 보이기도 해서. 막막한 앞날을 애써 무시하며 행복하려 하는, 아직도 꿈 많은 서른다섯입니다.

백지은 「마타네, 후쿠오카」

혼자도 처음, 해외도 처음이었던 스물둘의 도쿄는 일상의 목표를 바꿨습니다. 질리지 않는 여행을 스스로에게 선물하며 살고 싶습니다. 그렇게 종종 여행하며 가끔 글을 씁니다. 현재 광주MBC에서 근무하고 있습니다.

인스타그램@cantabile.j

한수정 「노고한 날들 너머의 유케무리」

우아한 삶을 지향합니다. 그러나 관념과 현실을 분리시킨 채 살아가고 있습니다. 조금이라도 그 균형을 맞추기 위해 혼자 떠나는 여행에 집착하고 있습니다.

인스타그램@vov_sj

이주호 「녹나무 그늘 아래의 나와 순환선 위의 여자」

<여행 매거진 BRICKS>의 편집장입니다. 여행을 빌미로 제 머릿속을 둘러싼 환경에 대한 글을 쓰고 있습니다. 『오사카에서 길을 묻다』, 『도쿄적 일상』을 펴냈고, 『홍콩 단편』에도 아주 협소한 자리를 차지하고 있습니다.

인스타그램@ree_joo_ho